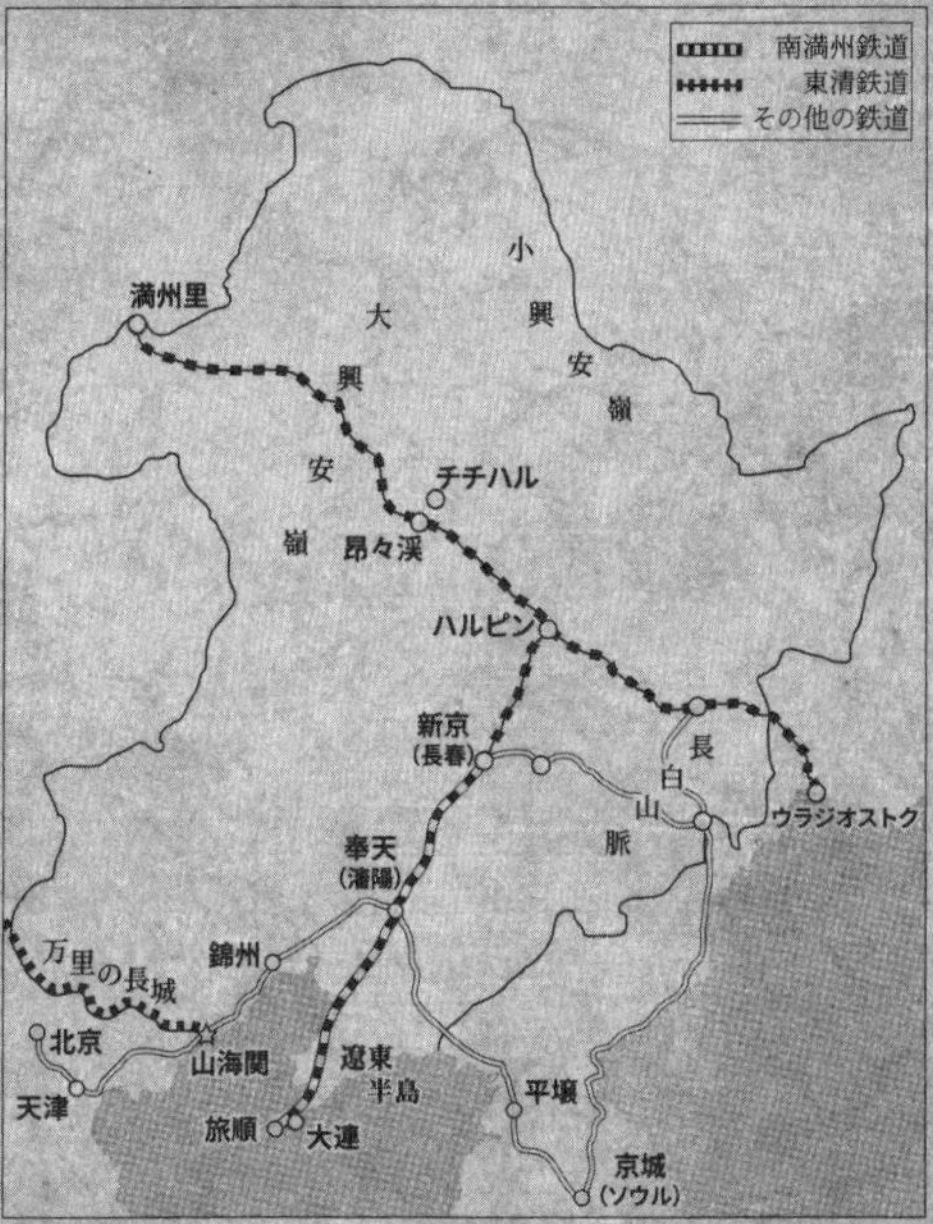

満州建国の大義

石原莞爾とその告白

鈴木荘一

毎日ワンズ

まえがき

昭和二十年（一九四五年）八月九日、満州国はソ連軍の侵攻を受けて文字通り地獄絵図となった。満州を防衛する関東軍は太平洋戦争が苛烈になった昭和十八年以降、南方戦線などへ兵力を抽出していてすでにもぬけの殻となっており、ソ満国境付近の守備隊は全滅し、男性が根こそぎ動員で召集されていた国境付近の開拓村では、女性・少年・少女・幼児らがソ連軍に蹂《じゅう》躙《りん》された。

だが昭和七年（一九三二年）に石原莞爾が創った満州国は、太平洋戦争が昭和十六年十二月八日に始まったのちも営々と建設が進められ、ソ連軍の侵攻を受けるまでは、地上の楽園だったのである。

太平洋戦争は日本海軍がレイテ沖海戦（昭和十九年十月）で敗れたのち、退勢の一途を辿った。そして同盟国ドイツが昭和二十年五月七日に無条件降伏し、四月一日に始まった沖縄戦が六月十八日に事実上終焉すると昭和天皇は降伏を決意、六月二十二日に最高戦争指導会議の構

成員らを招集して、

「戦争の終結についてすみやかに具体的方策を研究し、実現に努めるよう」

命じた。

ところがソ連通を自負する重臣広田弘毅（元首相）が、ソ連に仲介を依頼する和平交渉を提案する。広田は心底からソ連を信頼していて、「ソ連は日本のためなら誠心誠意尽くしてくれる信義誠実な国」と固く信じて疑わなかったのである。

六月二十九日に広田は駐日ソ連大使マリクに会見を申し入れたが、マリクは病気を理由に応じなかった。居留守を使ったのだ。一方スターリンは七月十八日、ポツダムでアメリカ大統領トルーマンに、

「日本を安心して眠らせておくため、われわれは具体性のない曖昧な対応をしている」

と耳打ちしている。要するに日本は、スターリンにいいように踊らされていたのである。

これを見抜いた重臣近衛文麿（元首相）は七月二十四日、外交官の来栖《くるす》三郎らに、

「恐らくソ連は参戦してくるであろう」

との予測を吐露《とろ》している。

こうしたなかポツダム宣言が、七月二十七日の日本時間午前五時に英語で、午前七時に日本語でサンフランシスコのラジオ局から放送され、陸海軍と外務省が受信、同盟通信、朝日新聞

社、毎日新聞社も傍受した。

この時点で直接、米英に降伏を申し入れていれば広島・長崎の原爆も満州へのソ連軍侵攻もなく、満州国は米国による占領統治にでもなって現在も共産中国とは別に、存在していたかもしれない。しかるに首相鈴木貫太郎は記者団に、「ポツダム宣言を『黙殺』し、戦争完遂に邁進する」と述べ、これを受けたロイターとＡＰ通信は「黙殺」を「Reject（拒否）」と訳して報道した。すでにソ連を通じて一日も早く降伏したい日本の窮状は筒抜けだったから、米英もこれには驚いたに違いない。

日本の政府首脳が空しくソ連の回答を待っていた八月六日に広島に原爆投下、八月九日午前零時頃にはソ連軍が満州へ雪崩《なだれ》を打って侵攻を開始し、また同日には、長崎にも原爆が落とされた。二十日間の降伏の遅れが、広島・長崎の原爆やソ連軍の満州侵攻などの犠牲をもたらしたのである。


現在、ロシア軍がウクライナへ侵攻し、その行方を世界中が固唾《かたず》を呑んで見守っている。ロシアは今も昔も軍事大国で、周辺地域への軍事膨張の欲望を隠そうとしない。だからロシアの隣接地域では、ロシアの侵略への備えを欠くことができず、日本もその例外ではない。それが帝政ロシアの南下を防いだ日露戦争（明治三十七年〜三十八年）であり、本書で述べる石原莞爾による満州建国（昭和七年）なのである。

日露戦争はロシア対日本の、一対一の対決だった。ところがロシア革命により大正六年（一九一七年）に共産ソ連が誕生すると、ソ連は周辺地域へ軍事的膨張を始め、大正十三年（一九二四年）にモンゴル人民共和国を一方的に建国してソ連の保護国とした。すなわち日露戦争時の一対一が、二対一となってしまったのだ。そこで日本陸軍も満州国を建て、「ソ連・モンゴル」対「日本・満州」の二対二の対決に持ち込もうとしたのである。

さらに、第一次世界大戦後、米英の主導により国際協調を目指すワシントン体制が構築されたが、新たに誕生した共産ソ連の膨張がワシントン体制を根本から打ち壊す。

だから満州建国は、ソ連の軍事膨張との相関関係において論じなければならない。


ニューヨーク市場における昭和四年（一九二九年）十月二十四日（木）の株価大暴落が、「暗黒の木曜日」と呼ばれる世界恐慌に発展する。これは、第一次世界大戦後の復興需要が一段落して総需要が減衰し、国際的需給バランスが供給過多になったためである。すると米英などの列強は排他的なブロック経済を確立して不況を乗り切ろうとし、イギリスはポンドを決済通貨とするスターリング・ブロックを英連邦諸国に構築、フランスはフラン圏のフラン・ブロックを、アメリカはドル圏のドル・ブロックを構築した。そういう意味で満州建国とは、日本と満州国が「日満ブロック」を形成して生存を図る一つの方途だったともいえる。また国際社会が世界恐慌に苦しむなか、ソ連は昭和三年（一九二八年）から第一次五カ年計画をスタートさせて驚異的な発展を遂げ、同時にソ連軍を抜本的に近代化した。このことが日本陸軍に少なからぬ脅威を与え、満州建国を急がせたという側面もあった。

だが「日満ブロックの形成」などといってみても、当時の満州は広大な過疎地で、生活様式も中世社会のままだった。だから石原莞爾が描いた満州国の建設とは、近代化されたソ連軍の軍事膨張に対峙する防共国防国家の創設であるとともに、中世だった満州を近世を経ずに近代へ一足飛びに移行させる壮大なる実験でもあったのである。

そこで満州開発の基本計画では、世界恐慌が猛威を振るうなか、昭和八年（一九三三年）に満鉄調査部（南満州鉄道株式会社の調査部門）が修正資本主義による計画経済を採用して、まず重工業の発展を期した。満鉄調査部はわが国の戦前における至高のシンクタンクだった。

彼らは満州近代化計画の第一期として国内の治安維持、国家機構の整備に取り組むほか、通貨の安定、基礎エネルギー確保、輸送通信事業、都市建設などインフラ建設を推進した。第二期は産業育成が柱となり、日産コンツェルンが昭和十三年（一九三八年）に本社を日本から満州へ移転し、満州の産業振興に尽くした。中国人が「化外《けがい》の地」とか「荒蕪《こうぶ》の地」と呼んで蔑《さげす》んだ満州を近代国家に変貌させたこうした「国づくり」は、満州モデルと呼ばれている。

敗戦後、焼け野原になり無い無い尽くしになってしまった焦土からわが国が「傾斜生産」によって戦後復興を成し遂げ、さらには外国人から「ジャパン・アズ・ナンバーワン」とまでいわれる高度成長を成し遂げる動因となったのも、実は、満州モデルの援用であった。

私は銀行員としてさまざまな仕事をしたが、最も長く携わったのは調査部門である。この調査部門は、荒蕪の地を近代国家へと変貌させた満州モデルを構築した満鉄調査部の遺風を継承した、ともいわれていたし、私もそういう気持ちで仕事に取り組んでいた。

しかし、満州国も満鉄も私の勤めた銀行も、時代の波に呑まれて消滅してしまい、日本経済は長期停滞に沈んでしまった。筆者の身にあるのは、ただ愛惜の念のみである。

令和六年一月

鈴木荘一

満州建国の大義——目次

第三章　日露戦争後の満州

第四章　石原莞爾、漢口からベルリンへ

第五章　満州事変

第六章　国際連盟脱退

第七章　石原莞爾の失脚

＊本書には、今日では差別的と解釈されかねない表現をそのまま表記した箇所がありますが、差別を助長する意図は一切ないことをお断りいたします。

毎日ワンズ編集部

第一章　日露戦争と少年石原莞爾の危機感

「陸軍大将になりたい」

満州建国の立役者、石原莞爾が仙台陸軍幼年学校の二年生のとき、日露戦争が始まった。

この戦争は日本の勝利となったが辛勝に過ぎず、ロシア陸軍はシベリアを勢力範囲として盤踞《ばんきよ》してなお、余力を残していた。なんとも不気味な存在であり、戦争終結後も日本陸軍はその軍事的重圧にさらされていた。

日本陸軍が最も恐れたのはやはり、ロシアが復讐戦を仕掛けてくることだった。実際にロシア（ソ連）は、第二次世界大戦で日本の敗色が濃くなった昭和二十年（一九四五年）八月、満州へ侵攻し、日本人開拓民を蹂躙したのだが、これについてスターリンは「日露戦争の汚点を雪《そそ》ぐ復讐戦だった」と広言している。

日露戦争勝利から二年後の明治四十年（一九〇七年）、陸軍元帥山県有朋（枢密院議長）は復讐戦を警戒して「帝国国防方針」を策定、日本陸軍の仮想敵国をロシアと定め、ロシア陸軍の対日復讐戦争に備えることに全精力を注いだ。これが日本陸軍の「北守論」であり、日本陸軍の基本戦略となるのである。

石原莞爾は明治二十二年に山形県鶴岡市で、鶴岡警察署の警部補石原啓介の三男（長男、次男は夭折）に生まれた。姉に七歳年上の元と、三歳年上の志んがいた。

石原家は代々、譜代の雄藩庄内藩（十七万石）に仕えた士族で、禄高は百四十石だった。江戸から明治に代わる奥羽越戊辰戦争のとき、庄内藩は東軍の会津藩、長岡藩、盛岡藩、仙台藩などと奥羽越列藩同盟を組んで薩長西軍と戦って敗れ、その後の廃藩置県で山形県になった。

石原莞爾の父啓介は元漢学者で、明治維新を機に警察官になった。莞爾は幼年期から性格が激しく乱暴な反面、群に秀でた利発な一面があったので、明治二十八年、一年生を飛ばしていきなり温海《あつみ》尋常高等小学校尋常科の二年生に編入された。小学生だった莞爾について二学年下の斎藤八蔵（のちに温海町長）は、

「おそろしく腕白だったが、なかなか義侠心があって、上級生が下級生をいじめたりすると飛んできて助けてくれた」（斎藤八蔵『小学校時代の石原さん』）

と記している。また毎日のように一緒に遊んだ一年上級の鳥海克己は、

「秀才タイプではなく、勉強をまったくしない生徒だった。聞かん坊でヘソ曲がりで口が悪かったが、茶目っ気はたっぷりだった」

と述べている。鳥海が莞爾に、

「莞ちゃ。お前大きくなったら何になりたい」

と聞くと莞爾はすかさず、

「陸軍大将になる」
と答えた、と鳥海は『石原莞爾君と藤軒』に記している。莞爾は小学校を卒業すると、明治三十四年に山形県立荘内《しょうない》中学校（現在の山形県立鶴岡南高校）へ入学した。

あわや退学

莞爾は明治三十五年、荘内中学二年生のとき、仙台陸幼（仙台陸軍地方幼年学校）を受験して合格（第六期）した。陸軍地方幼年学校（定員各五十名）は三学年制で仙台、東京、名古屋、大阪、広島、熊本の六カ所に置かれ、卒業すると東京の二学年制の陸軍中央幼年学校（定員三百人）へ進む制度となっていた。

彼の入校式は明治三十五年九月一日に行なわれた。わが国を取り巻くその頃の情勢は、日清戦争後のロシア・ドイツ・フランス三国によるいわゆる三国干渉（明治二十八年）を受けて臥《が》薪嘗胆《しんしょうたん》を余儀なくされ、さらにロシアが満州・朝鮮へ侵出してきたのでロシアとの緊張は日々厳しさを増し、明治三十五年一月三十一日には日英同盟が締結され、日露の軍事衝突はもはや時間の問題となっていた。かかる軍事的緊張のなか、莞爾ら多感な少年たちは幼年学校生徒として育成されていくのである。

仙台陸幼の指導体制は校長渡敬行少佐、岩井生徒監、専属下士官草野曹長で、クラスには親友になる南部襄吉（父は元盛岡藩家老南部次郎）、菅原道大《みちおお》（のち陸軍中将）らがいた。仙台陸幼における莞爾は授業中の集中力が抜群で、放課後に机に向かって勉強するようなことはなく、開放的で奇行も多く、時には断固として教官の説を否定してはばからないところがあった。

この時代の有名な話として、図画の授業で莞爾が「わが宝を写生す」と題して自分の一物を描いて提出した事件がある。これは、図画担当教官の度重なる写生の題材に辟易《へきえき》していた級友一同の不満を解決してやる、との莞爾一流の茶目っ気からやったことらしく、職員会議で退校処分も取り沙汰されたが、莞爾の才を惜しんだ校長が身柄を一時預かることで解決をみた、という一件である。しかし、同期で生涯の友人、横山臣平は自身の著書『秘録石原莞爾』で、これは随分誇張されたエピソードで、実際は図画の教官に叱られた程度だったと書いている。

この時代の軍上層部は、若い軍人が在野の左翼思想にかぶれることを恐れ、もっぱら上官の命令に忠実に従って軍務に精励する実務型の将校が育つことを期待した。軍当局が求めたのは、学校が与えた課業のみに専念し、自分の頭で物を考えることはしない従順な軍人だったのである。このように幼年学校や士官学校の教育方針は、学校が与える課業を通じて人格形成を行なわせることを旨としたので、新聞や雑誌などの閲覧を厳しく制限した。だから幼年学校には立派な天文台や植物園などが併設されていたが、図書館はなかった。

莞爾が歴史、特に西洋史に興味を持ち、

「金がなくて本を買えないのが残念だ。東京へ行けば図書館がある。仙台陸幼の卒業が待ち遠しい」

と語ったところ、これを聞いた級友が莞爾に隠し持っていた小説『ああ無情』を貸すと、莞爾はありがたがって三度も読み返したという。どうやら莞爾は、学校が与える課業のみを要求する幼年学校の教育方針に反発していたらしい。

日露戦争勃発

莞爾らが明治三十六年九月一日に二年生に進級して半年後に日露戦争（宣戦布告は明治三十七年二月十日）が勃発した。宣戦布告五日前の明治三十七年二月五日に騎馬伝令が校舎の近くを通ったので「何かあった」と生徒たちが思っていたところ、生徒監から、

「本日、第二師団（仙台）に動員令が下った」

と伝達された。

翌朝には校庭の真下の宮城野に急造の厩舎《きゅうしゃ》が設営され、徴発された農耕馬が次々に運ばれて

きた。明治三十七年三月上旬、仙台陸幼と道路一本を隔てた第二師団（師団長西丸寛二郎）は、市民の万歳の声に送られて出陣していった。仙台陸幼の教官らにも召集令状が下り、校長をはじめ下士官に至るまで出征、おのずと戦争の深刻さをうかがわせた。

日露戦争は、黒木為楨《ためもと》大将率いる第一軍が水深三〜四メートルの鴨緑江《おうりよくこう》を渡河して朝鮮から満州へ入る鴨緑江渡河作戦で、火蓋が切られた。ロシア軍は渡河地点の九連城に野砲四十八門・山砲八門による要塞を築き、渡河する日本軍を殲滅《せんめつ》する態勢を整えていた。

日露両軍の砲撃戦は四月三十日午前九時頃から始まる。

黒木第一軍は野砲七十二門・山砲三十六門のほか、新兵器としてドイツのクルップ社から輸入した野戦重砲（十二センチ榴弾砲）二十門を持っていた。

黒木は一計を案じ、野戦重砲二十門を小樹木で秘匿し、第二師団（仙台）の大砲を川岸に並べて露出させ、ロシア砲兵の集中砲撃を引き受ける囮とした。砲撃戦が始まるとロシア軍の全砲門は第二師団の砲列へ猛烈な砲火を浴びせ、第二師団の砲兵も負けずに撃ち返したが、当然のことながら囮の役割を担った第二師団の砲兵は、ロシア砲兵からのすさまじい砲撃を浴びた。

だが第二師団の砲列を夢中になって砲撃するロシア軍の大砲の位置がこれによって明らかになると、午後三時頃、小樹木に隠されていた野戦重砲二十門がロシア軍の砲列の位置を正確に照準し、続々と命中弾を叩き込んだ。唸りを上げて飛び込む十二センチ榴弾砲の巨弾はロシア軍の大砲を次々に沈黙させ、砲撃戦は約一時間後の午後四時頃、日本軍の野戦重砲がロシア軍の砲陣を完全に破壊して、終了した。

ロシア軍の砲陣が制圧されれば、日本陸軍の鴨緑江渡河を阻むものはない。

黒木第一軍が五月一日午前七時頃から渡河総攻撃を開始するとロシア軍は総崩れとなり、九連城は七時間後の午後二時に陥落した。ロンドン・タイムズがこの鴨緑江渡河作戦について、「露軍は兵三万と称し、築城して守っていた。徒渉し得ない川流に、砲火を冒して架橋し、これを渡渉し、攻撃を加えるのは、欧州の第一級陸軍でも容易ではない。日本陸軍の指揮と勇気と組織に賞賛の言葉もない。鴨緑江の戦いは軍隊指揮の手本とすべき事例である」

といささか過大に報道したので、それまで低調だった国際金融団の外債購入が順調に進むようになった。しかし囮となってロシア軍の集中砲火を浴びた野砲部隊では、戦死三人、負傷二十二人の尊い犠牲を余儀なくされたのである。

弓張嶺の夜襲

莞爾らが明治三十七年九月一日に三年生に進級して三日後の九月四日、日本陸軍は遼陽会戦に勝利したが、日本側の死傷者は二万三千五百余人に及んだ。勝ったとはいえ遼陽会戦は、苦しい戦いだったのだ。

遼陽会戦は、遼陽城を中心に防御陣地を強化して蝟集《いしゅう》するロシア軍主力を撃破するため、奥保鞏《やすかた》大将率いる第二軍と野津道貫《みちつら》大将率いる第四軍が正面攻撃を受け持ち、第二師団などの黒木第一軍が右側面の山岳地帯からの腹背攻撃を受け持って、八月二十六日に開始された。

黒木第一軍の第二師団が攻める弓張嶺《きゅうちょうれい》は峻険な山岳地帯で、大砲・砲弾の運搬に難渋したので、師団あげての夜襲銃剣突撃という新機軸を採用した。支援砲撃もなく一発の銃弾も発射せず隠密裏に敵陣へ迫り、大隊・中隊単位で敵の銃砲火のなかを突進し、銃剣で敵を刺殺するのである。第二師団第三旅団長松永正敏少将は、数年にわたり夜間戦闘訓練を繰り返した夜襲の専門家だった。しかし「師団規模の夜襲など論外」というのが当時の軍事常識だったから、第二師団の夜襲は世界陸戦史上、初めての試みだったのである。

師団単位の銃剣突撃は成功か？　大損害を受けての完敗か？

結果は瞬時に決する。

夜襲突撃隊の先頭に立つ第二師団仙台第四連隊第一大隊第二中隊第一小隊長の多門二郎中尉は、拳銃を出撃地に残置し、父親から贈られた備前長船祐定《すけさだ》の銘刀一振りだけを持ち、狭隘で岩石だらけの急峻な山道を一列縦隊で歩き、日付が変わった二十六日午前四時、弓張嶺を望む夜襲の発起点へ到着するや、先頭に立って突撃した。ほぼ同時刻に小隊長飯野郷治少尉率いる第二小隊も突撃したが、この夜襲で仙台第四連隊は連隊長吉田貞中佐戦死、第一大隊長堀内俊之助少佐戦死、第二大隊長小野万亀太《まきた》少佐戦死、第三大隊長板橋次郎少佐らが負傷した。

多門二郎中尉が所属する第一大隊第二中隊では、第二中隊長土岐熊雄大尉は腹を撃ち抜かれて戦死、第一小隊長多門二郎中尉はロシア軍銃弾で左眼下の頬を削がれ負傷、第二小隊長飯野郷治少尉はロシア兵に顔面を撃ち抜かれて戦死、第三小隊長村井薫中尉も戦死した。このように仙台第四連隊は午前四時三十分頃には壊滅状態に陥ったが、日本兵の執拗な斬り込みに耐え兼ねたロシア兵が午前八時頃、潮が引くように退却していったので、かろうじて第二師団の勝利となった。

事前の計画ではこれを機に奥第二軍と野津第四軍が敵の正面を攻撃する手はずだった。ところがロシア軍の堅陣に阻まれて両軍とも前進できなかった。そこで黒木第一軍が裏口から腹背攻撃を仕掛け、さらにロシア軍の背面へ深く回り込んで太子河を渡河し、九月二日午前一時二十分頃、第二師団の村松第三十連隊（連隊長馬場命英《のぶひで》大佐）が太子河北岸にある饅頭山《まんじゆうやま》のロシア軍陣地を占領した。

だがいったん退却したロシア軍が同日午後五時三十分頃、全力で逆襲してきて夜間戦闘となり、午後九時頃、饅頭山の狭い山頂部では日露両軍の兵士が入り乱れて小銃を乱射し、誰が誰を撃っているのかわからなくなり、双方とも同士撃ちが続発した。

すると、激しく撃ち合う混乱した暗闇の戦場で馬場命英連隊長が突然、「撃ち方やめッ」と命じた。このため射撃をやめた日本兵は撃たれる一方となったが、射撃しているのはロシア兵だけとなり、落ち着きを取り戻した日本兵は暗闇のなかで発光する銃火を目がけて射撃を集中し、ロシア兵を次々に撃ち斃《たお》した。するとロシア兵は上官の制止を振り切って雪崩を打って退却し、日付が変わった三日午前二時頃、饅頭山からロシア兵の姿は消えた。第二師団はロシア軍の逆襲を撃退したのである。

この間、黒木第一軍主力がロシア兵を駆逐しながら前進すると、ロシア軍は退路を断たれることを懸念して三日午前四時頃から総退却を開始し、遼陽会戦も日本軍の勝利となった。第二師団は多くの犠牲を払いながら、またもや殊勲を挙げたのである。


こののち日本陸軍は明治三十八年一月一日に旅順を陥落させたが、この戦いで莞爾の姉志んの夫、中村勝衛大尉が戦病死し、志んは一人息子をかかえて未亡人になってしまった。

仙台陸幼では炊事係や用務員まで次々に出征していなくなった。日本男子には四十歳まで兵役義務があり、徴兵検査に合格すると現役兵として三年間の軍役を勤め、除隊すると後備兵として待機し、戦争が起きれば召集されて後備歩兵連隊に配属された。この後備兵まで出征していったのだ。留守第二師団では教練用の小銃や木銃すらなくなったので棍棒で代用し、軍服がないので召集兵は私服を着用し、軍靴がないので草鞋《わらじ》を履いたままだったという。

幼年学校生徒としてこうした環境で育った莞爾は、負け戦《いくさ》はもとより、勝ち戦であっても戦争が悲惨であることを、子供ながらに身に染みて感じると同時に、「国力を超えた戦争は犠牲が大きい」と痛感したのである。

日本陸軍は三月十日の奉天会戦でロシア軍を総退却に追い込み、海軍も五月二十七日の日本海海戦に大勝し、ついに日本の勝利を決定付けた。仙台でも盛大な祝勝会が催された。

莞爾ら第六期生は七月十日に卒業した。莞爾は特に代数・植物学・ドイツ語が得意で、成績は首席だった。優等生として石原莞爾と南部襄吉の二名が選ばれ、教育総監賞が与えられた。

大隈重信と乃木大将

仙台陸幼を卒業した石原莞爾らは明治三十八年九月一日に東京の中央陸幼（陸軍中央幼年学校）へ進学（第六期）した。無二の親友南部襄吉との友情は続く。

この頃、窓外は騒々しかった。「日比谷焼き打ち事件」があり、国家主義を唱える徳富蘇峰、社会主義を唱える幸徳秋水など、政界・思想界・言論界は混沌たる有様だった。

石原は中央陸幼でも毒舌《どくぜつ》、奔放な言動は相変わらずで、日曜日や夏休みには社会勉強も兼ねて、友人の南部襄吉を誘って一流人士の私邸を訪ねては教えを乞うたりした。

あるとき、石原らは大隈重信邸を訪問した。大隈は二人を快く応接間へ招じ入れるや、時勢論や処世訓のような話を三十～四十分も一方的に弁じまくり、二人があっけに取られていると女中に茶菓の接待を命じてそそくさと退出し、もう出てこなかった。二人は軽くあしらわれ、茶菓を食べて帰るしかなかった。

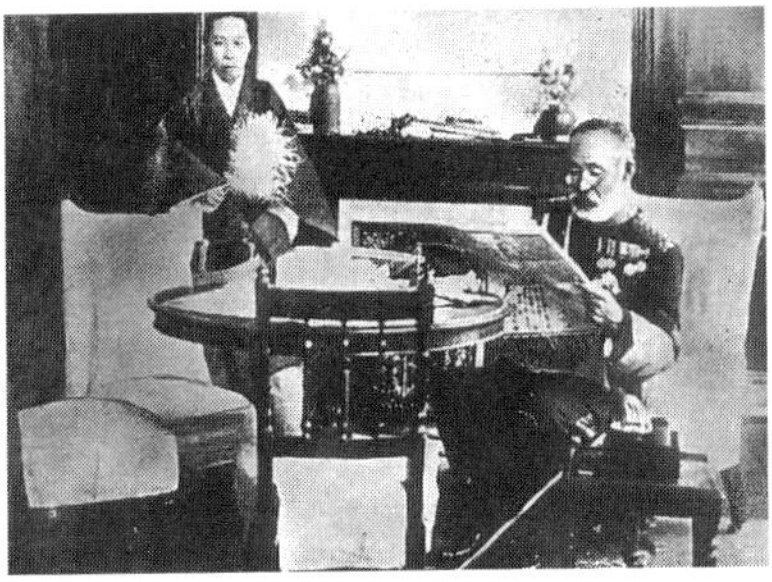

乃木大将と静子夫人

石原らは陸軍大将の乃木希典《まれすけ》を訪ねたこともある。応接間に通された途端、父親の年齢を聞かれた石原が「約六十歳」と答えたところ、乃木から、

「約とは何事か。父親の年齢を忘れるとはけしからん」

と叱られた。それでも軍務の話、学校の話など思わぬ時を過ごすうち昼近くなったので石原が、

「時間ですから帰ります」

といったところ、静子夫人が現われて、

「お昼の支度ができましたから召し上がっていらっしゃい」

と勧められた。このとき石原は、

「はい、では稗飯《ひえめし》をご馳走になります」

と答えた。質実剛健で鳴らした乃木がこだわった稗飯は、幼年学校生徒の間でも有名だったのである。静子夫人が、

「いえいえ、あなた方には別に白いのを炊きましたよ」

と笑って白飯を勧めたが、石原はどうしても稗飯を所望した。南部は噛んでも噛んでも咽喉を通らず難儀したが、石原は三杯もお代わりをしたという。

日中不戦の思想

石原は南部襄吉の父南部次郎（元盛岡藩家老）を訪ね、教えを乞うたこともある。

幕末の盛岡藩では南部次郎と楢山《ならやま》佐渡の二人の家老が藩政を指導していたが、奥羽越戊辰戦争が始まると楢山佐渡が主導権を握って奥羽越列藩同盟軍に参加、新政府への恭順を主張していた南部次郎は失脚した。しかし奥羽越列藩同盟軍は薩長西軍に敗れて楢山佐渡は斬首される。藩政に返り咲いた南部次郎は盛岡藩大参事として敗戦処理を取り仕切ったが、薩長の度重なる介入やいやがらせに嫌気がさし、廃藩置県を機に辞任した。

その後、南部次郎は未来の夢を大陸雄飛に見出そうと外務省に入省し、

「儒学者荻生徂徠が唱えた王道の学統を、儒学を忘れたシナへ逆輸出する」
との日中提携論を唱えて明治八年に天津に赴任、帰国後は外務省御用掛となった。このの
ち明治十六年から明治十八年まで芝罘《チーフー》（現煙台市）の初代領事代理を務めた頃から、南部次郎は
大アジア主義を鼓吹するようになり、日中の同志が多く彼のもとに集まるようになった。とこ
ろがこのことが外務省から「不逞分子を領事館内に招じ入れた」と問題視されて内地への帰還
を命じられると、これを機に彼は、外務省を退職した。
以後、南部次郎は明治四十四年に没するまで、東京牛込の一隅に隠棲して何ら政治活動には
関わらなかったが、来客があれば情熱を傾けて国事を談じたので、多くの国士や青年が彼の寓
居を訪れた。頭山満などは、南部次郎の前では座布団を遠慮したという。
中国問題のエキスパートともいうべき南部次郎は、息子の襄吉が連れてきた石原莞爾と初対
面のとき、
「お前さんなんかもシナ人を馬鹿にしてはダメだぞ」
といい放った。石原は、南部次郎の中国に対する壮大な経綸に感服したらしく、襄吉に対し
て、
「君のオヤジは話せる」
と述べ、以後、足しげく南部次郎のところを訪れるようになり、大いに薫陶を受けた。

このように、石原莞爾の終生変わらない中国への尊敬と日中提携・日中不戦の思想は、南部次郎の説くアジア主義の影響を多分に受けている。南部次郎こそ石原莞爾の思想形成の恩人だったといっても、過言ではなかろう。

中央陸幼で指導に当たった区隊長磯部民弥中尉はこの頃の石原を、

「石原は傑出した俊英だった。純情で辺幅《へんぷく》を飾らず、気骨があり小事にコセコセしない男らしい生徒で、同僚にも一目置かれていた。区隊会などでも彼が来ると一座が急に明るくなり、彼は奇抜な冗談を飛ばし、同期会では一番の人気者だった。ただ身辺などには無頓着で、服装や身の回りの手入れが悪いので、週番士官から注意を受けることが多かった。しかし俊敏で底知れぬ頭脳をもつ石原は将来必ず発展する人材であり、区隊長だった私は一々些事にこだわらず、彼が大成するよう指導したつもりである」(『秘録石原莞爾』)

と述懐している。ちなみに同じ区隊には、のちに東洋のシンドラーと呼ばれる樋口季一郎がおり、二人は後々まで親交を結ぶことになる。

また石原と机を並べていた飯沼守(のち上海派遣軍参謀長、陸軍省人事局長などを歴任)は辛口の人物評価をする傾向が強かったが、石原については、

「人間的にも才能的にもまったく偉大な傑物だった。彼の頭脳のひらめきは常人の端倪し得ないものばかりで、彼をもっと活用していたら、日本はあんな負けかたはしなかっただろう。彼

の言行は記録として後世に伝える必要がある。石原は中央陸幼のときから田中智学師の法華経に凝《こ》り、私や樋口季一郎にも勧めた。私の法華経研究は物にならず、石原は私に『貴公は信仰心がないからダメだ』と言った」（前掲書）

と語っている。

黒溝台会戦の奇勲

陸軍では、陸軍中央幼年学校を卒業すると指定された原隊の上等兵に任じられ、半年間の軍務の間に伍長を経て軍曹に進級し、陸軍士官学校へ入校することとなっていた。

石原の明治四十年五月に中央陸幼を卒業した際の希望先は第一師団（東京）だったが、第八師団（弘前）の山形第三十二連隊に配属された。石原の卒業席次は三百人中十三番で、希望が叶うのは十二番までだったからである。

こうして石原は、横山臣平らとともに士官候補生として明治四十年六月に第八師団の山形第三十二連隊の上等兵になった。士官候補生は上等兵であっても士官に準じる特別待遇で、昼食は連隊長の前に兵食が並べられて会食し、将校団の宴会などにも参加した。連隊長は森川武大佐である。

森川大佐は、日露戦争の黒溝台会戦で活躍した名将だった。

日露戦争当時、第八師団には弘前第三十一連隊、青森第五連隊、山形第三十二連隊、秋田第十七連隊の四個連隊が属していた。日本陸軍が明治三十八年一月一日に難攻不落の旅順要塞を陥落させて戦勝気分に浸っていたとき、ロシア軍は大反撃に転じ、一月二十五日午前三時頃、気温零下十七度、濃霧が戦場を覆い北風に飛雪が舞うなか、総勢九万六千人（十個師団規模）・大砲四百五十二門の大部隊で日本軍左翼の黒溝台（奉天西方）を急襲した。日本軍は黒溝台にほとんど兵力を配置していなかったから壊滅の危機に瀕した。黒溝台が奪われれば日本軍左翼が崩れ、日本軍全体が崩壊して、日露戦争は日本の敗北となる。

このとき、戦線の遥か後方より第八師団が救援に駆けつけたのだ。

一月二十六日、第八師団の山形第三十二連隊と青森第五連隊は、黒溝台の南方の蘇麻堡《そまほ》村を占領したが、翌二十七日午後になるとシベリア第一軍団の逆襲を受け、青森第五連隊長津川謙光大佐が負傷するなど大損害となった。さらにシベリア第一軍団が二十七日夜十一時頃、気温零下二十三度の極寒のなか、蘇麻堡村を夜襲した。シベリア第一軍団は事前砲撃を行なわず発砲も禁じ、無音のまま蘇麻堡村の手前数十メートルへ迫り、北と西と南の三方から一気に吶喊《とつかん》し、小銃を乱射しながら突入してきた。蘇麻堡村を守備する山形第三十二連隊と青森第五連隊は津波のように押し寄せるシベリア第一軍団の夜襲に驚き、接戦格闘に及んだが、退却する日本軍部隊も多く、ロシア兵は蘇麻堡村の北側と西側に放火した。これは、ロシア軍主力の総攻撃の前兆である。

蘇麻堡村を守る山形第三十二連隊長森川中佐（当時）は死守を決意、「戦況、甚だ危急に瀕せり」との急報を発すると同時に蘇麻堡村の南側地区に放火した。これは森川が編み出した「背水の陣」ならぬ「背火の陣」ともいうべき決死の戦法で、

「日本兵は火炎にまかれて焼死するのだ。もしロシア兵が攻め込むなら、ロシア兵もわれら日本兵と一緒に焼死するぞッ」

とロシア軍に迫ったものだった。このためロシア兵は焼死を恐れて突撃を躊躇した。

シベリア第一軍団では総攻撃命令が下ったものの、命令どおり突入しようとする部隊と、火炎を恐れて突入を躊躇する部隊の間で齟齬《そご》が生じた。二十八日早朝、命令どおり突入したロシア軍部隊が陣地を死守する蘇麻堡守備隊の猛射を浴びて大損害を受けると、突入を躊躇するロシア軍部隊が増え、指揮系統が混乱した。

戦機到来と見た山形第三十二連隊が午前八時頃に反攻に転じると、シベリア第一軍団は蘇麻堡村の攻略を諦め、波が引くように退却して、蘇麻堡村は陥落の危機を免れたのである。

ある日曜日、石原らは森川武大佐宅に招かれた。同じ連隊とはいえ大佐と上等兵では月とス

ッポン。しかも猛将森川連隊長となれば、そう簡単には目通り叶わぬ雲の上の存在だが、森川は気さくな性格で、石原らを自分の息子のように可愛がり、黒溝台での奇策を親切に伝授した。

山形第三十二連隊で石原がもう一人尊敬していたのが、山伏の総本山宝幢寺《ほうどうじ》の出身で、震え上がるような大声で号令をかける第三大隊長佐伯正悌《せいてい》少佐だった。いたずら好きの石原をつかまえて、

「コラッ、石原ッ」

とその耳を引っ張ることができたのは、後にも先にも佐伯少佐だけだった、という。

石原ら山形第三十二連隊に配属された七名の士官候補生は研修期間を終えて、明治四十年十二月一日に東京・市ケ谷の陸軍士官学校に入校した。石原十八歳のときである。

士官学校生徒で将来、出世しようと思う者は陸軍大学を目指す。陸大の受験資格は士官学校の成績と所属連隊長の推薦に左右されたから、多くの者は学校が与えた課業の習得に専念し、連隊長の意を迎えることに汲々とした。前に述べた如く軍当局は若い軍人が在野の政治思想にかぶれることを嫌い、「期待される軍人像」は上官の命令に忠実に従い軍務に精励する実務型の将校だったから、多くの士官学校生徒はこのシステムに疑問を持つことなく、ひたすら与えられた課業の習得に取り組んだ。士官学校での同期生間の競争は激しかったが、消灯時間が早かっ

たから、勝負は日曜日にいかに勉強するかにあった。
ところが石原は士官学校でも、軍事学のみならず歴史学、社会学、心理学、哲学にまで関心を寄せ、日曜日は学校から与えられた勉強はせず、名士を訪ねたり、図書館に通って自習したりした。反面、区隊長に反抗したり教官を侮辱するなど、生活態度は悪かった。当時の石原について同期生の横山臣平は、

青年時代の石原莞爾
（右から二人目、その左は南部襄吉）

「石原の奇才とひらめきと奇抜な放言、毒舌、ハッタリは入校当初から有名になり、名物男として区隊長、中隊長はもちろん教官たちからも注目の的となり、いずれも石原の人物、能力を高く評価した。士官学校も競争は激しく日曜日は学校で勉強する者が多かったが、石原は乏しい小遣いのなかから高価な本を買い、しばしば士官学校外の図書館へ通った」

と述べている。
石原の親友南部襄吉は、軍当局の「期待される軍人像」から逸脱した石原と行動をともにしてい

るうち、ついに落ちこぼれてしまった。南部は仙台陸幼にいた頃は、

「日露戦争に勝たねばならぬという国家目標に殉じる」

という使命感を抱いていたが、戦争に勝ったとはいえ戦死・戦傷など軍人の悲惨さに心を痛め、勉強に身が入らず、戦術・兵器など重要科目で劣等点を取ってしまったのだ。心配した石原が南部に、

「元気がないぞ。一体どうしたんだ」

と問いかけると、もともと自然が好きで植物学者になりたかった南部は、

「辛勝だった日露戦争の結果を見ると、日本は次に白人と戦えば必ず負けるんじゃないか。白人は戦争が上手で、やれば負けない。一方、日本は国が小さく、大国には抵抗できない。自分は何のため軍人になったのか疑うようになった。自分は士官学校を辞めたい」

と答えた。これに対して石原は、

「心配するな。いつかロシアでもドイツでもオレがやっつけてやる」

といった。

結局南部は石原の激励を受けて退校はしなかったが、陸軍大学は受験せず、それでも地道に軍務に励み、最終的には陸軍中将になる。

だが南部が投げかけた日露戦争への疑問は、石原が従来から抱いていた懸念を深刻化させた。

すなわち、

「ロシアがもう少し頑張って抗戦を持続したら、日本の勝利は危うかった」

という危機感である。この危機感を抜きに石原莞爾を論じることはできない。石原は軍人として生涯この難問に悩み続け、結局、日中提携・日中不戦を基礎とする「東亜連盟」の戦略思想を結実させるのである。

石原ら士官学校第二十一期生四百余名は明治四十二年五月二十日に卒業、石原の卒業成績は六番で、五番までに与えられる恩賜の銀時計をもらえなかった。自分の頭で物事を考えようとする石原は上官と衝突を繰り返し、態度や服装に欠点も多く、品行点で減点されたため、とされる。

ちなみに、後述するが、石原の陸軍大学での卒業成績は二番で、恩賜の軍刀を拝受している。これは、陸大には品行点がなかったからだと、彼自身がいっている。

第二章　それまでの満州

広大な過疎地、満州

日露戦争の戦場となった満州（現在の中国東北部）は、人気もまばらな超過疎地だった。満州とは「万里の長城」より北側の草原地帯で、西は大興安嶺、北は小興安嶺、東は長白山脈に囲まれた約百十万平方キロ（日本の約三倍）の大平原である。

そもそも中国では紀元前から黄河流域で農耕に勤《いそ》しんだ漢民族が、狩猟・遊牧を行なう周辺諸民族の侵入を防ぐため「万里の長城」を築き、その外側の満州は「化外の地」とされた。すなわち万里の長城こそ農耕民の漢民族と、周辺の狩猟民・遊牧民との国境であり、長城の内側が漢民族の領地、長城の外側が「北狄《ほくてき》」と呼ばれた諸民族の所領だった。だが十七世紀には、東北の遊牧民だった満州民族が「万里の長城」を越えて北京に入り「清」を建てた。

中国本土を支配した清朝は、故郷の満州を「封禁の地」として漢民族の入境を禁じた。ところが北京が清の首都になると、満州旗人と呼ばれた満州貴族や部将・将兵、大地主らは満州の地を離れて北京へ移住した。すると大地主らは都会的で貴族的な生活を享受して不在地主となり、所有する満州の農地を小作人に耕させたのだが、そのうち小作人も北京の生活にあこがれて農地を離れ、北京へ移動してしまった。このため耕す者がいなくなった満州の農地は、禁を破り非合法で流入した漢民族の農民が耕すようになり、いつの間にか、これを咎める者もいなくなった。

　また満州民族は狩猟民族だったから、満州貴族は黒テン、ミンク、キツネ、リス、シカなど野生動物の狩猟を行なう山林を「お狩場」と呼んで武芸鍛錬の場として大切にし、他者の侵入を禁じていたのだが、満州将兵が北京へ移るとこの「お狩場」に漢人の密猟者が跳梁跋扈するようになり、こうした密猟を取り締まる者もいなくなった。

　不法行為を監視する警察力を失った満州へは貂皮《ちようひ》、野生人参、金、淡水真珠などの密猟・密採・盗掘を目論んで潜入する不逞漢民族が後を絶たず、さらに黒竜江省や吉林省にあった北辺流刑地の徒刑人は脱獄して、満州の地へ拡散した。非合法の存在である彼らは身を守るため団結を強め、匪賊（馬を使わない強盗団）の群れに加わったりした。こうして満州は「荒蕪の地」と呼ばれるようになる。このことを評論家黄文雄氏は、

「漢民族で（清朝が異民族の入国を禁じた）満州に住んでいたのは、流刑に処せられた流人、あるいは盗採、盗掘、密猟の流民や匪賊ということになる」（『満州は日本の植民地ではなかった』）

と述べている。満州貴族が放置した清朝の故郷満州は、混沌たる状況だったのである。

　日露戦争開戦の六年前の明治三十一年（一八九八年）頃、満州の人口は約五百万人、つまり一キロ四方に数人しかいない壮大なる過疎地で、人口は土壁を巡らした都市部に集中していた。

北満州の国境付近は、「森林の宝石」と呼ばれた黒テンやミンク、キツネ、リス、シカなど毛皮獣の他、野生の虎なども棲息する前人未踏の原生林が続く不毛地帯で、密猟者以外には、ほとんど人は住んでいなかった。

南満州は、丘陵または起伏の激しい乾燥した草原で遊牧民が移動しながら暮らしており、農業適地は全体の約三割で、遼河《りようが》や松花江など河川の周辺に数少ない農耕民が定住し、コーリャン、トウモロコシ、アワ、キビなどを育てる簡素な畑作で生計を立てていた。

満州人はもともと森林の狩猟民だったが、やがて遊牧や農耕に携わる者も出てきて、遊牧民は家畜を所有して草原を移動し、農耕民は土地に定着して簡素な農業に従事した。そして狩猟民、遊牧民、農耕民らが物品を売買する古くからの市場《いちば》が、町や都市になった。遼陽や奉天などは、清朝が建国される以前からの古い交易の場だったのである。

満州建国を唱えた満州馬賊

帝政ロシアはウラルから太平洋岸のウラジオストクにいたるシベリア鉄道の建設を進め、清国の領土である満州里～チタ～チチハル～ハルビン～ウラジオストクを横断する東清鉄道（満州横断短絡線）を明治三十四年（一九〇一年）十一月に完成させた。石原莞爾が山形県立荘内中学校に入学した年である。

さらにロシアは不凍港を目指して、これに付属する支線として、ハルビンから長春（のちの新京）を経て旅順に到る南満州支線を、日露開戦一年前の明治三十六年（一九〇三年）一月に完成させる。南満州支線のうち長春〜旅順間が南満州鉄道である。日本は、こうした帝政ロシアの南下に脅威を抱き、翌年、日露戦争が勃発する。

明治三十二年頃、満州で最もよい暮らしをしていたのはロシア人である。満州のロシア人は軍人やシベリア鉄道の建設技師たちで、清国人をボーイや御者などに使っていた。

清国人は満州の名目上の支配者だったが、清国政府の統治力は市街地にとどまり、郊外は荒野で匪賊や満州馬賊が横行する無法地帯だった。人々は市街地では清国官憲に従い、郊外へ出れば匪賊や満州馬賊の支配に従った。

朝鮮人は、ロシア軍に協力して通訳や密偵などの仕事で収入を得ていた。

日本人は、大陸へ流れて来た女郎衆や女郎屋の主人、シベリア鉄道建設の現場作業員たちだった。日本人女郎衆は金銭を貪らず盗心がなく淡白で清潔で親切だ、とロシア青年の間で人気があった。シベリア鉄道建設工事の人夫募集に応じた日本人は、森林を切り開き、粗末な丸木小屋を建て、ロシア人鉄道技師の指導下で、シベリア鉄道の工事に従事していた。

そもそも満州建国を最初に唱えたのは、満州の主人公たる満州馬賊である。彼らが日露戦争で日本陸軍に協力したのは、満州独立・満州建国を夢見ていたからであった。

満州平原を支配する満州馬賊は草原を「馬」により支配、遊牧民族の気風と伝統を遺し、馬車屋・カゴかき・運び屋・飛脚など土着的運輸通信業を営む中世的割拠集団だった。国際社会が「近代」へ突入したこの時期、満州は依然として「中世」だったのである。

黒竜江省北部を地盤とし配下五、六百人を持つ満州馬賊の頭目、宋紀の妾だった日本人女性水野花は、満州馬賊について、北満に潜入していた日本陸軍諜報員の石光真清大尉に、

「馬賊は、一人の頭目が二百〜一千人の配下を持ち、勢力範囲を協定して、互いに連絡を取っています。清国総督将軍の威力は城郭の周辺までで、それから先の荒野は馬賊が支配していま す。町には都統・鎮守使の軍隊がありますが、広い満州を全部治める訳ではありません。旅行するとき、荷物を送るとき、馬賊にお金を出して頼みますと、土地毎の頭目の間に連絡があって、旅程は安全で、何の被害も受けません。荷物なら種類を、人なら身分や所持金を聞き、相応の料金を受け取る訳です」(『曠野の花』)

と、土着的運輸通信業を営む馬賊の実像を述べている。

南船北馬(中国の南方では水路で、北方では馬で移動すること)というように、満州では

「馬」こそが移動手段であり、たとえば金銀・貨幣・アヘン・塩・高額美術工芸品の輸送や貴人の旅行には、馬以外に牛・ロバ等も隊列を組み、数百騎の馬賊が護衛したのだが、これは彼らにとって実入りのよい仕事だったようだ。満州馬賊とは、満州が中世であってこそ、活動し得る存在だったのである。

このように中世社会だった満州に、帝政ロシアがシベリア鉄道・東清鉄道という近代を持ち込んだから、満州馬賊は土着的運輸通信業の生活基盤を侵され、ロシアへの反感を強めた。この東清鉄道が、義和団事変の満州への波及、ロシア軍の満州占領、日露戦争、満州事変、ひいては太平洋戦争という大動乱の導火線となるのである。

ロシア軍の満州占領

「扶清滅洋《ふしんめつよう》」を唱える義和団数十万人が中国人キリスト教徒二万三千余人を殺して北京の各国公使館を襲う「義和団事変」が、明治三十三年（一九〇〇年）五月に発生した。

このとき清国駐在武官だった柴五郎中佐は中国人キリスト教徒三千余人を収容し、北京の公使館区域を守備して居留民を保護し、内外から高く評価された。また義和団を撃退したのち各国軍隊が公然と略奪を働くなか、柴中佐はそれを許さず米蔵を開いて市民に米を配給、「柴大人の仁政」と感謝された。

しかし「扶清滅洋」を唱える義和団と結託していた清朝の皇族端郡王《たんぐんおう》は中国全土に決起を促していて、清朝の故郷満州へも端郡王の説客が訪れた。こうして義和団事変は満州へ飛び火し、満州は流血の大混乱に陥った。

同年八月、ハバロフスクの街は清国人流民で埋め尽くされ、

「義和団と馬賊は東清鉄道を荒らし回り、手薄なロシア軍守備隊を襲って皆殺しにし、鉄道を破壊、材料を盗み、逃げ遅れたロシア人鉄道員を惨殺、目も当てられない惨状である。ロシア人男性は耳をそがれ鼻を断たれてなぶり殺され、ロシア人女性は少女に至るまで赤裸の死体となって放置されている。清国の役人も清国軍も姿をくらまし、無政府状態となり、清国軍は馬賊と合流。ロシア人であろうと清国人であろうと相手選ばず、財をかすめ、女を姦し、騒乱は収拾不可能になっている」(『曠野の花』)

との混乱状態になって満州の治安が崩壊した。するとロシア軍が、東清鉄道の保全と騒乱鎮圧のため、満州へ出兵してきたのである。

ロシア軍は義和団掃討のため、満州へ総勢十七万人の大軍を送り込み、明治三十三年八月二十六日にチチハルを、九月二十一日に長春を、九月二十三日に吉林を、九月二十六日に遼陽を、

十月一日に奉天を占領して、全満州を支配下に置いた。

しかもロシア外相ラムスドルフは清国公使の楊儒《ようじゅ》に明治三十四年一月末、

「再び東清鉄道を破壊されぬため、ロシア軍の駐兵が不可欠である」

と述べ、ロシア軍の盛京省（のちの奉天省）への駐兵を認める露清条約の調印を強要したのだ。楊儒公使はラムスドルフ外相の強硬姿勢に苦しみ、本国に、

「ロシアの態度は恫喝に似たり。列国の助力がなければ、清国は調印を余儀なくされよう」

と窮状を打電した。一方ロシアは列強の干渉を嫌って露清条約調印を急ぎ、清国に、

「三月二十六日まで露清条約を調印せよ。さもなければロシアは自由行動を取る」

と最後通牒を突きつけた。

清朝の光緒帝はロシアの高圧的姿勢について、

「清国が調印を拒否してロシアの不興を買うことはできない。列国の支援がなければ満州はロシアのものとなり、永久に清国の手には戻らないだろう」

と嘆いた。清国の屈服はもはや時間の問題となったのである。

日本では、こうしたロシア軍南下に対する強い恐怖感から対露強硬論が生じ、国際法の権威有賀長雄博士が、

「万一、干戈に訴う必要を生ずれば、これを辞せざるの決心を要すること、勿論なり」

と開戦の必要性を主張、英米の各新聞も連日、日露開戦の是非を論じ、上海に碇泊していた戦艦「三笠」が急遽帰還、日本郵船の汽船はすべて止まり、太平洋航路の保険料率が引き上げられたりした。

するとと清国は、こうした日本の強硬姿勢に意を強くして、露清条約調印を拒否した。ひとまず危機を脱した清国政府は駐日公使の李盛鐸を通じて明治三十四年三月二十九日、日本政府に、「日本が東方の大局を顧慮し唇歯の関係を念じ相助くるは、清国の最も感激する処なり」との深い謝意を表明したのである。

だがロシア軍は、露清条約調印を断念すると、満州にどっかり居座った。

ユダヤ人の反ロ感情

日露開戦の十四日前の明治三十七年（一九〇四年）一月二十三日、陸軍諜報員石光真清大尉が、ロシアが清国から租借していた軍港・旅順の街で、ロシア旅順艦隊への石炭・食料の積込み作業を目撃したのち、旅順停車場で列車を待っていると、一人のユダヤ人が近づいてきて、「日本人よ、ロシアと戦争をすると聞いたが本当か。ロシア軍はハルビンから旅順まで十五万人はいるぞ。日本は、ロシアの大軍に対抗する準備はあるのか。旅順の砲台は全部完成した。黄金山の砲台も突貫工事ですでに完成したぞ……恐らく君はこれから大連へ行くつもりだな」

と語りかけた。石光が、

「そうだ」

と答えると、このユダヤ人は、

「大連にロシアの施設はないよ。奴らは旅順で日本軍を迎え撃つつもりだ。しかし日本人は、ロシアという世界一の大陸軍国を相手に戦争をやれると思うのか」

と聞いてきた。石光が笑いながら、

「やるさ。日本の抗議を無視して満州占領を続ければ、自衛上、戦争に訴えるのは当たり前さ」

というと、このユダヤ人は石光の手を固く握りしめて、

「しっかりやってくれ」

といって去った。

石光は、

「ユダヤ人は、ロシア国内で昔から迫害されており、チタ市では通りに店舗を持つことさえ禁じられているほどである。この男もたぶんロシアに反感を持つ一人であろう」

と思ったという（『曠野の花』）。

第三章　日露戦争後の満州

ポーツマス条約で南満州鉄道を得る

日本は日露戦争に勝利すると、明治三十八年（一九〇五年）九月のポーツマス条約で、ロシアから南満州鉄道（長春～大連間）を獲得した。

ところが日本の国家財政は破綻状態で、政府は膨大な経費を必要とする南満州鉄道の経済的負担に耐え難く、経営する自信もなかった。その一カ月前の八月三十一日、日露戦争中に日本の外債募集に協力したアメリカの鉄道王でユダヤ人のハリマンが来日し、桂太郎首相に南満州鉄道の共同経営を申し出た。

首相桂太郎、元老伊藤博文、元老井上馨《かおる》はこのハリマン提案を歓迎した。特に井上馨は、「ハリマン提案というチャンスを逸するのは、愚の骨頂である」

と力説したほどであった。彼らがハリマン提案を歓迎した理由は、

「今後、ロシアが充分な戦備を整えて対日復讐戦に踏み切った場合、日本に勝ち目はない。満州をアメリカも巻き込んだ国際的地域にして平和を維持したい。国家財政は破綻状態だが、アメリカを満州へ巻き込めば対ロシアの国防予算を節減できる」

と考えたからである。桂とハリマンは同年十月十二日、「桂・ハリマン覚書」に合意し、ハリマンが離日するまでに調印することとした。

日露開戦三年前に首相に就任して日本の勝利に貢献した桂太郎（陸軍大将）が、「桂・ハリマン覚書」を歓迎したことは、「日本陸軍は満州へのユダヤ資本の導入を前向きに考えていた」ことを意味する。これまで満州で起きたさまざまな出来事を米英に理解させるため、「アメリカ鉄道王ハリマンを満州へ引き込んで、満州問題の根深さを米英に認識させよう」と考えた桂らの判断は、妥当だったといえよう。

満州問題の本質とは、満州という中世社会にロシアのシベリア鉄道という近代の象徴が入ってきて、中世的存在である満州馬賊と軋轢を生じた、ということなのである。

こののち満州で起きることは、近世を経ずして中世から近代へ一足飛びに移行する壮大なる実験である。日本には、この実験を米英から誤解・邪推されないために、ハリマンを満州へ引き込んでおく必要があったのだ。

このハリマン提案を潰したのが外相小村寿太郎である。小村の基本的考えは桂らと正反対で、「日本将兵十万人の血の代償として得た南満州鉄道をアメリカに売ることはできない。満州は日本の勢力下に置くべきである」

という偏狭な考えだった。小村はハリマン提案を潰すべく画策し、

「南満州鉄道に関しては清国の了承を得る必要がある」

との屁理屈をこねて北京へ赴き、清国との北京条約に、

「南満州鉄道の経営は日清両国以外に関与するべからず」

との一項を挿入させてアメリカの参加を封じ、ハリマン提案を潰したのだ。

するとルーズベルト大統領は激怒、日本政府は早くも翌明治三十九年三月、アメリカから、

「満州の門戸は、（満州が）ロシアの掌中にあったときより一層、閉鎖されている」

との抗議を受けるのである。

またハリマンは同年九月二十七日、訪米した日銀副総裁の高橋是清に対して、

「私の提案を潰したのは小村寿太郎外相だ、と聞いている。日本は今から十年以内に、小村のしたことを後悔するときが来るだろう」

と警告している。

外相小村寿太郎は、日米衝突の発端となる「重大なる誤解の種」を蒔くという大罪を犯したのである。

南満州鉄道株式会社の設立

南満州鉄道（満鉄）は、半官半民の特殊会社として運営されることになった。日本政府は、

「満州は荒涼たる過疎地で利用客が少ないから、鉄道経営は赤字になる」と危惧、満鉄を「お荷物」と見て、鉄道施設を現物出資するだけで一銭も出さず、満鉄が赤字になってもリスクを負わないよう、民間へ払い下げたのである。

半官半民の南満州鉄道株式会社は二億円の資本金で、明治四十年一月に創立される。一億円は政府の現物出資で、残り一億円は一般公募となった。一般公募枠一億円とは国家予算四億円の四分の一に相当する巨費であり、応募が成立するか不安視されたが、明治三十九年九月十日に株式募集を開始すると千七十七倍を超える倍率だった。投資意欲の旺盛な中産階級層が満州熱に浮かされて積極的に応募したのである。

鉄道経営は経営学的に見て、難しいとされている。人口密集地は居住者立退き費用がかさむので、鉄道は過疎地にしか敷設できない。だが当然の如く過疎地を走る鉄道には乗客がいないから、そのままでは赤字路線になりがちである。だから鉄道経営が成功するには、

一、鉄道沿線の過疎地に住宅団地等を造成して居住人口を増やし、学校・遊園地・野球場等を造り、多角経営で乗降客増加を図り、運賃収入と副次収入を得ること。

が必須であり、さらに満鉄においては、

二、鉄道沿線の眠れる鉱物等の資源を探査・確保し、副次収入を得ること。

も求められた。

満鉄総裁となった後藤新平はこれらを実践して、満鉄を単なる鉄道会社から満州経営の大動脈に育て上げたのである。彼は、優れた事業家だったといえるだろう。

関東軍の配備

日露戦争終結後のポーツマス条約では、南満州鉄道の路線（大連〜長春間七百キロ）を保全するため、

「鉄道一キロ毎に十五名の鉄道守備兵を置く権利を有す」

とされ、一万四百名の陸兵を置くことが認められた。そこで日本は明治四十年四月、満州撤兵と南満州鉄道の営業開始に際し、鉄道守備隊一万四百人を常備兵力とする部隊を関東州旅順市に創設し、関東軍と名付けた（関東軍には内地から連隊が交代で派遣された）。

しかし鉄道守備隊である関東軍の主任務は鉄道を強盗団・匪賊・暴徒等の襲撃から保護することであって、ロシア軍の再度の南侵を阻止する戦力は保持していなかった。そもそも一万四

百人の兵力でロシア軍百万に対抗するのは、どだい無理な話である。ここに関東軍司令部の最大の悩みがあった。

またポーツマス条約は、日露両軍は十八カ月以内に満州から撤兵すると定めた。

そこで第一次西園寺公望《きんもち》内閣の外相加藤高明は、元老伊藤博文の支持を得て「陸軍撤兵」を断行しようとした。一方、元老山県有朋、陸軍参謀総長児玉源太郎大将らはロシア軍の復讐に備えるべく「撤兵反対」を主張、両者は激しく対立した。

伊藤はこの問題について、明治三十九年五月二十二日に「満州問題に関する協議会」を開いて西園寺公望・山県有朋・児玉源太郎・井上馨・大山巌らを集め、次のように演説した。

「児玉大将に注意したい。満州を新しい占領地の如く扱うのは、徹頭徹尾、認め難い。満州における日本の権利は、講和条約によってロシアから譲り受けた南満州鉄道と遼東半島租借地以外は何もない。日本の主権が清国領土の満州に及ぶ道理はない」

この熱弁に児玉が沈黙すると、伊藤は即座に陸軍撤兵の決議案を回付し、参加者全員に署名させた（伊藤にねじ伏せられて憤懣やるかたなかった児玉は二カ月後の七月二十三日、脳溢血で急死）。

こうして陸軍内に、「ロシア軍が復讐戦を挑んできたら、空白となった満州の防衛をどうすべきか」という深刻な問題が生じたのである。

日露戦争は、勝った日本にとっても苦しい戦いだった。日本の勝利は辛勝に過ぎず、ロシア陸軍は余力を残してシベリアに盤踞していたから、日露戦争終戦後もロシア陸軍の復讐戦＝第二次日露戦争に備えなければならず、こののち、関東軍はロシアの脅威にさらされ続けるのである。

満州に残った徒労感と夢

結局、日露戦争に勝った日本が味わったのは徒労感だけだった。ロシア軍を満州から追い払って日本の安全は確保したが、戦死者八万八千人・戦傷者三十八万人という膨大な犠牲を払い、国家財政は破綻、また旅順・大連・南樺太・南満州鉄道を得るには得たが、賠償金は一銭も取れなかった。しかも取り返してやった満州は、さながら中世のような大いなる過疎地だった。

かつて商社大倉組の大阪支店長を務めた松尾平次郎は、軍の拡充による皮革需要の増加に着目して満州・蒙古から牛皮を輸入したが、満州・蒙古の牛は背中に虫が寄生していて、加工すると皮革の背中の部分に無数の穴が生じ、使い物にならなかった。

また、「旅順や大連に住んでいた富裕なロシア人が帰国する際、家具を処分するだろう」と見込んで中古の高級家具の仕入販売を目論む者もいたが、富裕ロシア人宅はすでに清国人による略奪に遭い、仕入れるはずだった家具はすべて盗まれていた。

満州の沼や池にたくさんいるスッポンに目を付け（満州人はスッポンを食さない）、日本へ輸入しようと企てる者もいた。ところがスッポンを箱に詰めると、スッポンは自らの糞尿にまみれて死んでしまい、これも失敗した。

熊本で大工稼業に勤しんでた吉永留吉は女房と子供二人にも恵まれ、何不自由なく暮らしていたのだが、新聞が毎日のように、

「征け若者よ、満蒙の天地へ！」

「日本男児よ、来たれ王道楽土へ！」

などと書き立てるのでついその気になり、女房と子供を里へ預け、家を売って資金を作り、大きな夢を抱いて満州に渡った。ところが聞くと見るとは大違いで、留吉が見た満州は貧乏人と失業者だらけの、疫病が蔓延する、暗黒の大陸だった。

そのうち路銀が乏しくなってきた留吉は、

「いつまでもこんなところにいたら身の破滅だ」

と思いもしたが、家を売ってまで出てきた熊本へ尾羽打ち枯らして帰るわけにもいかず、

「広い満州にはもっと良いところがあるかもしれない」

と思い直して奥地へ奥地へと進んでいった。すると、その途中でたまたま会った日本人から、

「大工だって？　馬鹿をいいたまえ。見なかったのかい、この辺りの満人は土を練り固めた煉瓦を積み重ねて家を作るんだよ。大工なんて要らないんだよ」

といわれた。だが留吉は、

「新聞もまさか根も葉もないことは書くまい。もっと奥地へ行ってみよう」

と無人の荒野を歩き続け、とうとう一文なしになってしまった。ふと顔を上げると、遥かに望む彼方《かなた》には黄土《おうど》の丘陵が果てしなく続くばかりだった。

その後、留吉はモルヒネの密売人になった。モルヒネの密売は禁制で、官憲に摘発される危険性はあったが、その分、利益も大きかったのである。

神経痛に苦しんでいた留吉はほどなく、自身もモルヒネ常習者となる。彼は晩年、「故郷が恋しく矢も盾もたまらず妻子に会いたくなったときは、酒とモルヒネに頼るしかなかった」と語り、涙を流したという。

「地上の楽園」「民族協和」というスローガンに惑わされて海を渡り、運命に弄《もてあそ》ばれた日本人は吉永留吉だけではなかった。

満州における日本人と漢民族と満州人

日本がポーツマス条約で、①旅順・大連など関東州の租借権、②南満州鉄道の経営権、③鉄道警備のための軍隊の駐留権、を得ると、軍人、官吏、満鉄関係者とその家族が満州へ渡った。彼らは治安が確立した関東州租借地や南満州鉄道付属地に住み、日本人商店から食料や製品を買い、満州の他民族とは接触せず、満州社会と隔絶した閉鎖的な日本人社会で豊かな俸給生活を送った。

しかし、満州は市街地を一歩出れば警察力の及ばない無法地帯で、匪賊が跳梁跋扈しているため、生命の保証はまったくなく、満州の住民は匪賊による苛斂誅求《かれんちゅうきゅう》に苦しんでいた。もちろん日本人にとっても、関東軍が守る関東州と満鉄付属地から一歩出れば、そこは非合法の危険地帯だった。

当時、日本人の満州への進出意欲はまだ乏しく、のちに満鉄東京支社長になる入江正太郎は、東京帝国大学を明治四十四年に卒業して満鉄へ入社するとき、家族や友人から、

「帝大まで出て満州へ渡るとは何事だ」

と、満鉄入社を思いとどまるよう説得されたという。

その一方で、多くの漢民族が、山東半島などから汽船で対岸の大連へ渡り、南満州鉄道や東清鉄道で満州各地へ移住した。義和団事変が発生した山東半島では綿織物・軽工業品等の外国商品の流入で失業問題が著しく、生活苦に喘《あえ》いでいた漢民族が主に、満州へ入植したのである。

その結果、満州の人口は、日露開戦六年前の明治三十一年は満州人を中心に五百万人に過ぎなかったが、大正四年には漢民族を中心に二千万人に増加し、以前から満州に住んでいた満州人・蒙古人は相対的に少数民族となる。

やがて満州へ流入した漢民族が農耕生活を始めると、遊牧民族の末裔《まつえい》である満州人・蒙古人との間で「土地争い」という血腥《ちなまぐさ》い抗争が生じた。牛・馬・羊等の遊牧に利用する牧草地は数少ない農耕適地でもあるから、古くから遊牧に携わる満州人・蒙古人と、新たに農耕を始めた漢民族が衝突したのである。だが各地を転々とする遊牧民にとっての所有権は家畜であり、牧草地は利用権である。この抗争は土地の所有権を主張した漢民族が数の力で、遊牧に従事する満州人・蒙古人を駆逐して決着する

満州の人口は、日中が全面衝突する昭和十二年には三千七百万人に増えるが、それでも日本人は四十二万人で、満州総人口の一・一パーセントに過ぎなかった。多くの日本人は未開の地である満州での勤務を嫌がったので、満鉄は満州での勤務者に本俸と同額の外地危険手当を支給したという。

張作霖の登場

日露戦争終結後、日本陸軍が撤兵して満州が軍事的空白地帯になると、満州の底辺でうろついていた張作霖《ちょうさくりん》が日本陸軍の協力を得て、満州の覇者となる。

張作霖は、祖父の代に河北省から満州へ流入した貧しい漢民族の出身であった。張作霖の父は貧窮無頼《ぶらい》の末、賭博を巡るトラブルで殺されたという。張作霖は父と同様、街の無頼となったが、日清戦争終戦翌年の明治二十九年、二十一歳のとき、匪賊の群に身を投じた。しかし狡《こう》知《ち》に長《た》けた張作霖は三下《さんした》暮らしに嫌気がさし、その後独立して、保険隊を組織した。

保険隊とは、保険料という名のミカジメ料をせしめる用心棒稼業である。

日本語で「愛人」といえば妻以外の恋愛対象のことだが、中国語で「愛人」といえば、「最愛の妻」という意味である。「私の愛人になってください」と中国語でいえば相手は喜ぶだろうが、日本語でいったらフラれることは確実だ。また中国語で「手紙」といえば、トイレット・ペーパーのことである。日本語で「貴女から頂いたお手紙を今も大切に持っています」といえば愛の告白になるが、中国語でいったら、ひっぱたかれるだろう。同様に、日本語の「保険料」とは読んで字の如しだが、中国語で「保険料」といえば「ミカジメ料」のことなのである。

張作霖はミカジメ料として、一ヘクタール当たり銀一両を徴収したという。この収入で配下を雇い、増えた配下を率いて、ミカジメ料を支払わない富裕家を襲って掠奪・暴行・放火・誘拐などの犯罪行為を行なった。そこで富裕家らは身の安全のため、やむなく張作霖にミカジメ

張作霖（右は長男の学良）

料を支払ったのだ。

この商売は、収入が増えるに従って配下の数が増えて乱暴狼藉に凄味が出てくるから、泣く泣くミカジメ料を支払う富裕家の数もその額も増していき、組織は雪だるま式に肥大化する。こうなると官憲も後難を恐れて見て見ぬふりをするから、あとは政治家に賄賂を贈って籠絡すれば、邪魔する者はいない。こうして、ますます商売は繁盛する。

ミカジメ料商売の最大の敵は、同業者である。この商売は富裕家にミカジメ料を強要することによって成立するので、すべての富裕家がいずれかの組織にミカジメ料を納めるようになり飽和状態になると、同業者間でシマの争奪戦が始まる。しかも抗争に勝った側が相手のシマをごっそり頂戴するから、「殺らなければ殺られる、仁義なき血の抗争」となる。こうした集団は今ではマフィアとも組織暴力団とも称されるが、法整備も治安維持機構もない当時の満州では、違法とはみなされなかった。

張作霖はミカジメ料商売の成功によって近代化（？）された匪賊となって頭角を現わし、やがて日本軍に取り入り、軍閥にのし上がるのである。

繰り返すが、満州平原を「馬」により支配した満州馬賊は、土着的運輸通信業を営む遊牧民族の遺風を持つ中世的な割拠集団であった。経営学的にいえば、今も昔も運輸業は地域性が強く、各地の地場運輸業者が互いに連携・協調し合う「地域的協業性」によって成立している。すなわち満州馬賊が固く守り合っている「満州馬賊の仁義」とは、

一、預かった荷物をつまみ食いせず、同質同量を、次の馬賊へ申し送ること。
二、受け持ち輸送区域では、他の略奪者と武力で戦ってでも、荷物を守ること。
三、自分の縄張りは武力をもって死守するが、他の馬賊の縄張りは侵さない。

であった。

彼らは、中世社会だった満州にシベリア鉄道という近代が闖入《ちんにゅう》して、「中世社会の社会規範」と「馬」による土着的運輸通信業の生活基盤を侵されたことを不満とし、日本陸軍の支援による満州独立を夢見て、日露戦争で日本陸軍に協力した。

日本陸軍はこれに応えて日露戦争後、時代遅れの存在である彼らを近代的運輸業者、流通仲介業者、興行業者、商業者、地方政治家、軍人等へ転身させた。日本は江戸から明治へ代わり

鉄道の時代に入ったとき、カゴかきや飛脚などの在来型運輸通信業者を、駅弁販売員や赤帽（駅構内の荷物運搬人）へ転身させた業種転換のノウハウを持っていたから、満州馬賊の転身に貢献できたのである。

このように満州では、

『馬』による土着的運輸通信業を営む中世的で時代遅れの満州馬賊を、『鉄道の時代』となった近代社会へどう軟着陸させるか」

が課題だったわけである。

なお通説では「張作霖は馬賊」とされているが、張作霖は「殺らなければ殺られる」という血の抗争で相手のシマを奪うミカジメ料商売で成功した匪賊であり、「馬」とは関係ない。その意味で張作霖は「馬賊」とはいい難く、その正体は「伝統的馬賊・古典的馬賊」とは異なる、「近代化された匪賊」ともいうべき存在だったのである。

配下約五十人を率いるミカジメ料商売で同業者とのシマ争奪戦に明け暮れていた張作霖二十七歳は、日露戦争開戦二年前の明治三十五年（一九〇二年）にチャンスを掴む。清朝の奉天将軍増祺《ぞうき》が満州の匪賊・馬賊・各種民間武装勢力を懐柔すべく、彼らに清国政府の傭兵として採用する旨を伝え、帰順を呼び掛けたのである。

張作霖はすぐさま呼び掛けに応じて政府側へ入り、帰順に応じない勢力の討伐戦で戦功を挙げ、明治三十六年、新民府地方巡警前営馬隊の管帯（傭兵隊長）に昇進して、部下四百八十五人を与えられた。すると匪賊・馬賊・各種民間武装勢力のなかから、羽振りがよくなった張作霖を羨望し、同じく政府に帰順しようとする者が現われた。その一人が、侯老疙疸《こうろうぎつたん》であった。

彼が配下四十余人を率いて帰順すると、張作霖は隙を見て彼を射殺、侯老疙疸の配下四十余人を自分の配下に組み入れ、新民府地方長官からは褒美として連発銃二百丁を下賜された。要は侯老疙疸は、騙し討ちに遭ったわけである。この事件は、奉天将軍増祺にいわせれば、「毒をもって毒を制した」ということだったのだろう。

帰順を呼びかけられていた勢力は去就に迷ったに違いない。帰順しなければ連発銃二百丁を装備した張作霖から討伐される。さりとて帰順すれば侯老疙疸のように、張作霖に殺されるかもしれないのだから……。

日本軍に助命された張作霖

日露戦争が始まると、「伝統的馬賊・古典的馬賊」は土着的運輸通信業の生活基盤を脅かすロシアに反発し、前述のとおり日本陸軍に協力した。

一方張作霖は「ロシアが勝つ」と見てロシア側につき、ロシア軍に情報や物資を提供した。そのため張作霖は日本陸軍に捕らえられ、銃殺されることとなった。このとき、彼を取り調べた新民屯の軍政官井戸川辰三が、「張作霖には見所がある」と満州軍参謀田中義一中佐（のち総理大臣）に報告。すると田中中佐は、満州軍総参謀長児玉源太郎の同意を得て、張作霖を銃殺寸前に助命した。以来、張作霖は田中の手先となり、ロシア軍の情報を田中へ提供して、日本陸軍の内部へと食い込んでいく。

日露戦争が終わると、明治四十年（一九〇七年）、満州の行政機構は将軍制から総督制となり、袁世凱と親しい徐世昌が東三省（奉天省、吉林省、黒竜江省）の初代総督となった。この頃、総督徐世昌が満州の治安維持のため持っていた兵力は、帰順した張作霖軍を含めて四万五千人足らずだった。

この年、張作霖は満州馬賊の大物、杜立山《とりつざん》を酒宴に招いて謀殺する。

杜立山は日露戦争中、騎兵六百騎を率いて日本軍に協力した人物である。土地五十三ヘクタールを所有して小作人に耕作をさせていた大地主で、邸宅は、周囲にクリークを縦横に掘って水堀とし、砲台・トーチカを備えた城砦《じょうさい》のような厳重さで、周辺領民から税を徴収する、土豪とも軍閥とも呼ぶべき勢力家だった。

張作霖は杜立山に懇《ねんご》ろに帰順を勧め、杜立山が応じると盛大な祝宴を設け、油断したところを騙し討ちにしたのである。張作霖はこの功績により徐世昌の奉天政庁から一万二千両を授与され、部下も一千余人へ増加した。

杜立山は日本の満州義軍に加わって遼陽会戦・沙河会戦・奉天会戦に参陣し、偵察・警備・遊撃などに功績を挙げた、日本にとって重要な協力者だった。そういう人物を謀殺した張作霖を日本軍は「油断ならぬ男」と見て、この頃から、ようやく彼に警戒の目を向け始めるのである。

石原莞爾、会津若松連隊へ

陸軍の制度では、陸軍士官学校を卒業すると原隊に復帰して見習士官となり、ほぼ半年後に陸軍少尉となる。見習士官とは階級は曹長で、営内居住、兵食、服装は曹長と同じだが、襟に銀の星章を付け、将校用の指揮刀を帯びた。

石原ら士官候補生七人は、原隊の山形第三十二連隊に戻り、即日、見習士官に任じられ、七カ月間の研修期間を経て明治四十二年（一九〇九年）十二月二十五日、少尉に任官し、同時に七人のうち石原の親友の横山ら四名が山形連隊にとどまり、石原ら三名は新設の会津若松第六十五連隊（のち第二十九連隊に改称）に配属された。石原は同期生中の首席であるから山形連隊に残ると見られていたので、会津若松への転出は予想外であった（山形の岡沢連隊長から嫌われていたから、との説があるが、横山は否定している）。

会津若松市は奥羽越戊辰戦争に敗れて以降、衰退の一途にあるなか、政府への熱心な連隊誘致運動が実って連隊新設となったのである。会津は白虎隊などの壮絶な殉忠で人々の血涙を絞らせた悲壮の地であり、感受性の強い石原はそういった歴史上の観点からも会津への愛着が強く、

「会津若松に配属されてよかった」

といって喜び、会津こそ心を養い武を極める理想の新天地と考えた。

石原少尉は会津若松第六十五連隊で部下に猛訓練を施し、一身を国に捧げる兵隊たちの純朴さに心を打たれ、彼ら兵士を神のように敬愛する信念を抱くようになる。さらに石原は自著『戦争史大観』で、軍人の手本として会津人柴五郎を挙げている。

柴五郎は会津戊辰戦争で会津藩が降伏したとき十歳で、家族とともに陸奥国斗南《となみ》（現青森県むつ市）に流され、貧窮・飢餓に苦しみながら軍人の道に進み、中佐になって清国駐在武官を勤めていた明治三十三年（一九〇〇年）五月、前述の義和団事変に遭遇して、義和団を撃退したのち米蔵を開いて中国人に米を配給し、「柴大人の仁政」と感謝された人物である。のちに石原が「日中協和」を唱えるのは、この柴五郎への尊敬の念があったからでもある。

石原が会津若松連隊に勤務していた明治四十三年一月、連隊に韓国警備の命が下る。すると隊内は浮き立ち、全員が韓国行きを希望したという。

連隊は四月に出発して釜山に上陸、列車に乗り、石原らの中隊は駐屯地春川（ソウルの東北二十五キロ）に到着した。日露戦争の後衛となった韓国の山河は荒廃著しく、韓国民衆の生活水準は低く、活気に乏しかった。石原は彼らに同情して、部下に対して尊大な態度を取ることを固く禁じた。

その後石原は連隊旗手（少尉のうち眉目秀麗で長身の者が選ばれた）として連隊本部に勤めることとなり、その所在地龍山（現ソウル特別市）に移った。

ある日のこと、浪曲界の大看板、桃中軒雲右衛門が慰問のため連隊を訪れることとなり、彼の龍山駅到着の日時が通知された。大島新《あらた》連隊長は石原連隊旗手を呼び、

「石原、桃中軒が明日午後二時二十分、龍山駅に着くから出迎えよ」

と命じた。

ところが石原は、

「連隊長殿、雲右衛門といえば浪曲界では元帥であります。少尉の私では失礼ではないでしょうか。連隊長が出迎えられるほうがよいではありませんか」

と返答した。

当時の軍隊において新米の少尉が上官、しかも大佐に意見具申をするなどあり得べからざることである。

だが連隊長は、

「ナニッ……いやそうか、それもそうだな」

と石原の意見に従ったという。

二年後、連隊は大任を果たし、数々の思い出を異郷に残したまま、帰国の途につく。明治四十五年五月十日、連隊が会津若松駅に到着するや、待ち受けた市民の間から期せずして万歳の声が沸き上がった。石原莞爾二十三歳はこの歓声の中を、軍旗を護持して颯爽と闊歩したのである。


大正二年（一九一三年）二月、石原は中尉に進級した。

会津若松連隊は新設の連隊なので将校団は各部隊からの寄せ集めであり、他の連隊のような伝統的団結はなかった。各将校は希望に燃え、活気に満ちていた反面、問題も起きやすかった。どこの連隊にも二、三の奇人・変人はいたが、新設の会津若松連隊も例外ではなかった。のちに石原はこの連隊に勤務していたときの思い出を、

「会津第六十五連隊は、日本の軍隊中において最も緊張した活気に満ちた連隊だった。この連隊は幹部を東北の各連隊の嫌われ者を集めて新設されたのであったが、一致団結して訓練第一主義に徹した」（『戦争史大観』）

と記している。

確かに新設の会津若松連隊には個性的で脱線気味な将校が多くいた。

将校集会所の池で観賞用に飼っていた鯉十数尾が、K大尉が週番のときに全部いなくなった。そこで連隊長が問いただすと、K大尉は悪びれもせず、

「鯉ですか。美味そうだったので食べてしまいました」

と答え、連隊長をあきれさせた。週番司令だったK大尉が当番兵に命じて鯉を料理させ、将校十二人で食べてしまったのである。K大尉の存念によれば、

「観賞用の鯉など軍隊には無用である。こういう悪事（？）を皆で働き将校団の結束が強まってこそ、軍隊は精強になるのだ」

ということだったようだ。

また演習の際、検閲の師団参謀長から、

「貴様の指揮は歩兵操典から逸脱しているぞッ」

と注意されたS大尉は、

「ナァニ、歩兵操典のほうが間違っているのであります」

と自信たっぷりに答えて、参謀長を困惑させたという。

ちなみに昭和六年九月十八日、満州事変が決行されたときに関東軍に派遣されていたのが、この会津若松連隊であった——。

石原は陸軍大学に進む

大正二年（一九一三年）八月に赴任してきた山内正生《まさお》連隊長は、会津若松第六十五連隊の刷新を目指した。まずは、K大尉やS大尉のような活きの良い（？）青年将校を多く抱える反面、連隊創立以来陸軍大学への合格者が一人もいないのは不名誉と考え、陸士成績が優等だった石原に陸大を受験するよう促した。陸大受験の要件は隊付き（部隊勤務）経験が二年以上、勤勉・品行方正・頭脳明晰・身体壮健で連隊長が推薦する少尉・中尉であり、石原はこれに該当したのである。

ところが石原は、

「自分は将来、部隊長として軍人の天職に従い、屍を馬革に包む（軍人として戦死すること）覚悟でありますから、軍官僚として立身出世する陸大に入学するつもりはありません」

ときっぱり断った。だが連隊長の熱心な説得に根負けし、結局、不本意ながら陸大を受験することになった。

しかし石原はその後も、起床ラッパから消灯ラッパまで一日中、訓練に励むばかりで、連隊長は「石原はいつ勉強しているのか」とやきもきしていた。実際に石原は、「どうせ受からないのだから勉強は不要だ」として試験期間に入ってからも参考書も購入せず、一切勉強しなかった。

このときの陸大の入試は、受験者七百余名のうち筆記試験で百三十名が通過し、そのうち口頭試問で六十人が合格（第三十期）した。山形連隊から入試に臨んだ石原の親友横山臣平は石原と、旅館の同じ部屋に泊まったが、天才肌の石原に調子を合わせて勉強をしなかったのでヒヤヒヤしたという。

口頭試問では、「機関銃の有効な使用法」を問われた。模範解答は、

「機関銃は防御兵器である。日露戦争の旅順戦で、攻撃側の日本軍に対しロシア軍の機関銃が防御兵器として圧倒的な威力を示した。また奉天会戦においてロシア軍の逆襲を受けた第一師団（東京）が壊滅状態になりかけたとき、機関銃を斉射してロシア軍の逆襲を防いだ。防御兵器としての機関銃は、当該部隊の左端と右端に設置し双方からの十字射撃によりキルゾーン（範

囲内に入った敵を皆殺しにする区域）を形成し、敵の進撃を許さない」

であった。ところが石原の回答はまったく意表を突いたもので、

「機関銃は防御兵器でなく、攻撃兵器である。四列縦隊で進撃してくる敵野戦軍に対して、機関銃を飛行機に装備して前面上空から近接させ、酔っぱらいが歩きながら小便をするように敵の縦隊を連続射撃し、一気に全滅させる」

と述べ、いきなり椅子から立ち上がって、酔っ払いがふらついて歩きながら立小便をする真似をして見せた。当時、機関銃を飛行機に装備する着想はまだなかったから試験官は驚愕してしまい、石原に及第点を与えたのであった。

石原は大正四年（一九一五年）十一月、陸軍大学に入学し、戦術、戦略、軍事史などを学ぶ。

辛亥革命

中国では明治四十四年（一九一一年）十月に辛亥革命が勃発し、革命軍は明治四十五年一月一日に南京を首都と定め、孫文を臨時大統領に迎えて中華民国の建国を宣言した。このとき石原は会津若松連隊に勤務していたが、孫文の辛亥革命を祝福し、部下に日中提携とアジア復興の意義を説いて、全員で「孫文万歳」を三唱している。

事態を苦慮した清朝が北洋軍閥を率いる袁世凱を登用すると、袁世凱は孫文と妥協して宣統帝溥儀六歳を退位させた。これにより「清」は滅亡、袁世凱が中華民国の臨時大総統となった（第一革命）。そののち孫文直属の革命派が江西、安徽《あんき》、江蘇、広東などで独立を宣言（第二革命）したが、袁世凱はこれを鎮圧して正式に大総統となり、専制独裁体制を確立する。

さらに袁世凱は大正五年（一九一六年）元日に皇帝位に即《つ》くが、革命派はこれに反発して雲南、貴州が独立を宣言、結局、袁世凱は同年三月に帝位を去ったが、広東、浙江、陝西、四川、湖南も反袁世凱を唱えて独立を宣言した（第三革命）。その後、反袁世凱の動きは燎原の火のように中国全土に広がり、同年六月、袁世凱は失意のうちに憤死する。

一方、孫文は大正六年（一九一七年）九月に広東に第一次広東軍政府を樹立したがこれも安定せず、上海へ移り、大正八年十月に国民党を創設する。

清朝が滅んで群雄割拠となった当時の中国は、北洋軍閥と孫文の南方政権が抗争する時代に入り、統一政権が存在しないため、日本では支那と呼ばれた。

辛亥革命は満州へも波及し、満州では革命派の張榕ら四万人以上が蜂起した。すると東三省第三代総督趙爾巽《ちょうじそん》は、張作霖の軍兵二千余人のうち三百余人を奉天城内へ入れて守らせ、自身も城内に引き籠った。こうして新民府地方巡警前営馬隊の管帯に過ぎなかった張作霖は、東三省第三代総督趙爾巽の「親衛隊長」に昇格した。

その後、趙爾巽が大正元年一月に「革命派の意見を聞く」との甘言をもって張榕ら主要な革命指導者を招いて盛大な宴会を催し、そこで彼らを皆殺しにしたことで、満州での辛亥革命は挫折した。このの ち張作霖は軍兵を率いて満州各地で革命派の弾圧を続け、いつしか「満州王」と呼ばれる、軍閥の巨頭となるのである。

張作霖は華北の覇者となる

袁世凱が大正五年（一九一六年）に死去すると、彼が率いていた北洋軍閥は安徽派（段祺瑞）と直隷派（曹錕《そうこん》、呉佩孚《ごはいふ》、馮玉祥《ひようぎよくしよう》）に分裂する。このため中華民国大総統には非北洋軍閥系でアメリカが支援する黎元洪が、国務院総理には日本が支持する段祺瑞が、それぞれ就任したが、政権は弱体で、内紛と抗争を繰り返した。

まず大総統黎元洪が大正六年五月に国務院総理段祺瑞を罷免すると、罷免された段祺瑞は全軍を引き上げて天津へ去って盤踞した。このため軍事力を失った黎元洪は、軍事力を確保すべく、徐州に駐屯していた有力軍人の張勲を北京に招じ入れた。

張勲は、中華民国の世になっても弁髪を残していたため「弁髪将軍」と呼ばれていた、清朝皇帝への忠誠心の篤い復古派の軍人だった。

彼は北京へ入ると清朝の再興を目論み、

「共和制を廃止して清朝を復活する」

と宣言して自分を引き立ててくれた大総統黎元洪を辞職に追い込み、宣統帝溥儀十歳を復位させて玉座に即けた。「復辟《ふくへき》」と呼ばれる清朝皇帝の復活である。

復辟が発表されて北京市街に清朝の黄竜旗が溢れんばかりに飾られるようになると、張勲は調子に乗って要職を独占し始めた。すると北洋軍閥の各領袖の間で、「復辟の果実を張勲が一人占めにしている」との不満が強まり、天津にいた段祺瑞の軍隊が北京へ進撃、張勲軍を破り、溥儀はわずか十二日で退位した。

このように中国で混乱が続くなか、ロシアでは大正六年（一九一七年）三月に食糧不足を不満とする三月革命（ロシア暦では二月革命）が勃発、皇帝ニコライ二世が退位してロマノフ朝は崩壊した。さらに、レーニンが同年十一月七日に武装蜂起して十一月革命（ロシア暦では十月革命）が起きる。これにより世界初の共産主義国家ソ連が誕生すると、満州の国情はますます不安定になっていく。

また中国では安徽派と直隷派が対立して大正九年七月に「安直戦争」が勃発するが、直隷派が奉天派の張作霖を味方にして勝利し、敗北した安徽派は消滅した。

その後、直隷派と張作霖の奉天派の間で大正十一年四月に「第一次奉直戦争」が起き、敗れた張作霖が奉天へ逃げ帰ると翌年十月、直隷派の曹錕が中華民国大総統に就任した。

すると今度は曹錕の専横に対して、同じ直隷派で形勢を観望していた馮玉祥が不満を強める。そこで奉天に逼塞していた張作霖はすかさず馮玉祥と密約を結び、大正十三年（一九二四年）九月、奉天から一気に北京へ攻め上って曹錕を倒し、政権を奪取した（第二次奉直戦争）。こうして張作霖はついに、北京の覇者となった。


日本では、元老山県有朋が、日露戦争後に日本陸軍が撤兵して満州に軍事的空白が生じると、「銃殺されるところを助命された張作霖は日本に恩義を感じる親日的な馬賊である。張作霖を支援して満州に君臨させ、日本陸軍の手先として満州防衛に当たらせよう」

と目論み、原敬首相に働きかけ、

「張作霖をして、日本が満蒙に有する根拠を失脚せざる如く之を援助する」（「大正十年閣議決定」）

との方針を決定させた。以降、日本は張作霖に多額の軍事資金援助を与えて肥大化させ、やがて張作霖を制御不能な巨魁へと押し上げるのである。

郭松齢の反乱

張作霖が北京に君臨していた大正十四年（一九二五年）十一月、張作霖の部下の郭松齢《かくしょうれい》が、張作霖のいなくなった満州の乗っ取りを企ててクーデターを起こす。

郭松齢は北京の陸軍大学を卒業した有能な軍人で統率力があり、辛亥革命に理解を示して第三革命にも参加した進歩的な人物である。彼は、アヘン吸引や賭博、買春などに血道をあげ、重税を課して満州住民を苦しめる張作霖の奉天派諸将と比べて、遥かに人格的だった。

彼は山海関や錦州などの要地を占領して奉天へ迫り、十二月五日の戦闘で張作霖軍に大勝、この結果、満州の省議会は郭松齢支持を決定する（絶望した張作霖は自殺を図ったという）。

このとき、外相幣原喜重郎（加藤高明内閣）は不干渉主義を唱え、

「郭松齢と張作霖の内戦には介入しないが、満州省議会が支持した郭松齢に満州統治を任せるべき」

と声明し、郭松齢による満州統治を容認した。後付けだが、これは正しい判断だった。郭松齢へ政権が移譲するなら張作霖は失脚するのだから、のちの張作霖爆殺事件や満州事変も発生しないからである。

しかるに日本陸軍は、元老山県有朋・首相原敬の「大正十年の閣議決定」を振りかざして張

作霖を支援、関東軍を奉天に集中させて郭松齢軍の進撃を食い止めるとともに、朝鮮及び内地から増援軍を派遣して張作霖軍を支援した。このため郭松齢軍は張作霖軍に大敗し、郭松齢四十三歳と妻三十五歳は捕らえられ、銃殺された。

満州の将来を鑑みるとやはり、外相幣原喜重郎の不干渉主義が最善の選択だったのだ。張作霖は裏切りに次ぐ裏切りで世間を渡ってきた人物であるのだから、いつ日本を裏切るか知れない。こういう表裏ある人物を援助する閣議決定を下した山県有朋と原敬の不見識が、その後の満州問題をより困難なものにするのである。

蒋介石が南京に入城

大正十年（一九二一年）、ソ連から上海へ派遣されたコミンテルン幹部のグレゴリ・ヴォイテインスキーの工作により、同年七月に中国共産党が結成され、陳独秀が初代の党責任者になり、李大釗《りだいしょう》らが中国共産党に入党した。

こののちソ連は華南を支配する孫文の中国国民党に肩入れし、孫文が同年十二月に北伐を宣言すると工作員マーリンが孫文を訪ねて、中国共産党との合作を進言し、大正十一年、中国共産党の李大釗が共産党員のまま中国国民党に入党した。さらに孫文はソ連政府代表ヨッフェと大正十二年一月に孫文・ヨッフェ共同宣言を発表して、ソ連との連帯を鮮明にし、中国国民党第一回全国代表者会議が大正十三年一月に広東で開催されると、中央執行委員二十四人に李大釗など三名の中国共産党員を、中央執行委員候補十七名に毛沢東など七名の中国共産党員を、それぞれ選出した。

これが、孫文の中国国民党と中国共産党による「第一次国共合作」である。以来、ソ連は資金援助・軍事援助をますます積極化し、孫文への影響力を強めた。

大正十四年（一九二五年）三月にその孫文が病死すると、彼の側近だった汪兆銘と中国共産党（李大釗ら）の連立政権となり、軍人として頭角を現わしていた蒋介石が大正十五年（一九二六年）七月に北伐を宣言し、破竹の勢いで進撃して揚子江以南を制圧する。

その後、蒋介石の北伐軍はさらに進撃して、昭和二年三月二十四日に南京へ入城した。この北伐軍は乱暴な軍隊で、この日、蒋介石軍兵士がイギリス・アメリカ・日本などの領事館・学校・会社・居留民などを襲って財産を強奪したうえ、イギリス人二名、アメリカ人一名、日本人一名など七名を殺害した（南京事件）。

在留邦人約百人が避難した日本領事館では、守備についた荒木亀雄海軍大尉以下十名が前日より土嚢を積み、機関銃を備えて警戒していた。しかし三月二十四日午前五時三十分頃、蒋介石軍の先遣部隊数千人が南京へ入城してくると、盛岡正平領事は「刺激しないほうが得策」と判断、積み上げた土嚢を外し、機関銃を撤去して、無防備・無抵抗を貫いた。

ところがこれが裏目に出た。蔣介石軍兵士約五十人が領事館に乱入すると金庫の鍵を要求して略奪を開始、さらに蔣介石軍兵士二百余人と暴民数百人が押し寄せ、床板、窓ガラス、果ては便器まで持ち去った。佐々木到一中佐はこの様子について、

「(乱入した蔣介石軍兵士によって)三十数名の婦女は少女にいたるまで凌辱せられ、現にわが駆逐艦に収容されて治療を受けている者が数十名もいる。抵抗を禁じられた水兵は、切歯扼腕してこの惨状に目を被っていなければならなかった。しかるに、だ。外務省の広報は『わが在留婦女にして凌辱を受けたるもの一名もなし』という。南京居留民の憤激は極点に達した」(『ある軍人の自伝』)

との記録を残している。この惨劇に遭って、荒木亀雄海軍大尉は責任を負って自決した。

イギリス、アメリカ、日本、フランス、イタリアの五国は蔣介石に厳重に抗議し、イギリスとアメリカの軍艦が報復のため揚子江上から南京市街を砲撃した。さらにイギリスとアメリカは日本政府に、

「蔣介石に最後通牒を突き付けたうえ共同出兵しよう」

と申し入れたが、第一次若槻礼次郎内閣(外相幣原喜重郎)は日中間の紛争拡大を憂慮して不干渉主義を貫き出兵せず、加害者処罰・賠償金支払いの外交交渉で決着させた。

ところが各国から抗議を受けた蒋介石は、

「婦女子などを凌辱した張本人は、中国共産党員である」

と責任を転嫁し、四月十二日、上海で中国共産党員数千人を一斉に逮捕して銃殺した（上海クーデター）。こうして、第一次国共合作は崩壊したのである。

その後蒋介石は中国共産党との対決姿勢を明確にし、四月十五日、南京に国民政府を樹立する。これにより汪兆銘派と、中国共産党と、蒋介石派の鼎立となり、汪兆銘は八月八日に共産党幹部の逮捕令を発して中国共産党と決別し、蒋介石が創った国民政府と昭和二年九月に南京で合体した。この政治的変動のため、蒋介石の北伐は約一年間、停滞する。

張作霖の満州帰還

北京では郭松齢の反乱を鎮圧した張作霖が、蒋介石軍の南京事件を見て、

「中国共産党はソ連と密通している」

と判断、昭和二年（一九二七年）四月六日に官憲を北京のソ連大使館に乱入させて武器・宣伝ビラ・宣伝部員名簿（四千余人分）や、「ソ連が張作霖政権を打倒して親ソ政権を樹立する」との内容の計画書や、ソ連と中国共産党が秘密裏に連携していた証拠を押収。ソ連大使館内に

隠れていた李大釗ら中国共産党員八十余名を逮捕し、処刑した。

大使館を蹂躙されたソ連は激怒し、四月十日、ソ連大使を本国へ召還するとともに、張作霖軍に圧力を加えるべくモンゴルに大砲・弾薬・毒ガス・飛行機を集中し、ソ満国境は一触即発の状況となった。

一方、南京に入城した蒋介石の北伐軍の前衛部隊が、さらに徐州の前面へ進出すると、イギリス、アメリカ、フランスは自国居留民保護のため、天津方面に兵力を増強した。

北伐軍の通路となる山東省における日本人居留民は、青島に一万四千人、済南《さいなん》に二千二百人で、この地域に対する日本の投資総額は二億円に達していた。そこで田中義一内閣は日本人居留民保護・財産保全のため昭和二年五月二十八日、「第一次山東出兵」を行なった。このとき日本は金融恐慌の対応に追われ財源が不足したため、内地からの出兵を避け、旅順から関東軍の兵二千が青島へ出動した。だが蒋介石の北伐は先に述べた如く停滞していたので、何事もなく、日本軍は同年八月に撤兵した。

そののち蒋介石が昭和三年四月八日に北伐を再開（第二次北伐）すると、北京を支配していた張作霖軍は蒋介石軍と徐州付近で戦って大敗し、張作霖軍の将兵は逃亡四散してしまう。

徐州を占領した蒋介石の北伐軍約二十万人が済南へ迫ってきた四月十六日、済南の日本領事

館は電報で、

「日本陸軍の出兵なき場合、婦女子・居留民の引揚げを為す必要あるも、引揚げは困難なり」

との悲痛な出兵要請を行なった。済南は蒋介石軍約二十万人に包囲され、すでに脱出は不可能だったのである。

そこで田中義一首相は四月十九日、「第二次山東出兵」を決定、天津と内地から動員された兵三千が済南に向かったが、蒋介石軍二十万に対して三千ではいかにも兵力不足で、居留民の保護はできなかった。済南へ入った蒋介石軍は五月三日、一斉に略奪・暴行を開始し、在留邦人二十三人が手斧などによる両眼喪失、全内臓露出、陰茎切断などで惨殺され、婦女は凌辱され、日本人の家屋が略奪を受ける惨状となった（済南事件）。

この事件が伝えられると日本国内では南軍膺懲《ようちょう》が叫ばれ、五月八日、田中内閣は「第三次山東出兵」を決定、名古屋第三師団が出兵して、五月十一日、蒋介石軍を撃破した。

なお、前述の如く張作霖軍が徐州付近の戦闘で蒋介石軍に大敗すると、田中内閣は、蒋介石軍が張作霖軍を追って満州へ乱入する事態を警戒し、芳沢謙吉公使を通じて張作霖に奉天への引き揚げを勧告した。張作霖は戦闘意欲が旺盛で、当初、日本政府の満州帰還勧告に応じなかったが、長男の張学良や総参謀長の楊宇霆《よううてい》からも満州帰還を進言されると、五月二十三日、ついに満州帰還を決心した。

張作霖爆殺

この頃、首相田中義一と関東軍との間で、張作霖に対する評価の違いが表面化した。田中は元老山県有朋の遺志を汲み、また田中自身が張作霖を銃殺寸前に助命して取り立てたことから、張作霖を「日本に忠実な日本軍の手先」と見て、張作霖に武器援助・資金援助など多額の資金を注ぎ込んだ。だが張作霖は田中を、「間抜けでお人好しな便利な金蔓《かねづる》」としか見ていなかった。

これに最初に気付いたのが、現地関東軍の幕僚たちである。彼らは張作霖を、「日本から満州防衛の名目で膨大な武器・資金の援助を受けながら、満州防衛という本来の使命を捨て、中国支配を指向する裏切り者である」と見て不信感を強めていたのだ。こうして関東軍と張作霖の関係は次第に冷却していくのである。

そもそも、鉄道守備兵である関東軍一万四百人の小兵力でソ連陸軍の南侵を阻止するのは困難である。これが関東軍の最大の悩みであった。

苦悩する関東軍司令官村岡長太郎中将は、

「蒋介石軍の北伐による混乱が満州へ波及するのを防ぐには、張作霖を下野させて彼の軍を武装解除する必要がある。そのため関東軍は張作霖軍が集結している錦州へ進出し、張作霖軍を武装解除させたい」

と考え、参謀本部に強く意見具申した。しかし参謀総長鈴木荘六大将は、

「田中首相が納得しない限り、満鉄付属地以外への出兵は認めない」

と、村岡司令官の要請を却下した。

張作霖の満州帰還が間近になった昭和三年（一九二八年）五月末、焦る村岡司令官は重ねて参謀本部に張作霖軍の武装解除を意見具申したが、参謀本部は張作霖支持の姿勢を崩さず、田中首相は村岡司令官の再度の要請を再び却下した。

事ここに至って関東軍は、満州の禍乱を避けるべく、独力での張作霖殺害を決意するのである。

張作霖は、蒋介石軍が北京を占領する五日前の昭和三年六月三日に北京を、特別列車で脱出した。北京から奉天へ向かう京奉線《けいほう》（中国側経営）をひた走る張作霖の特別列車は、昭和三年六月四日午前五時二十分、時速三十二キロで走行していたが、満鉄線（大連〜長春間）の陸橋

の真下をくぐるとき、急に時速約十キロに減速した。列車内の何者かが非常用制動（ブレーキ）の紐を引いたらしい。

特別列車（機関車二輛、客車十八輛）は貴賓車四輛と展望車・食堂車・寝台車の計七輛を張作霖専用とし、暗殺から身を守るため、外から何輛目にいるかわからぬよう張作霖は車輛間をたびたび移動していたという。ところが、特別列車が急減速し、張作霖のいた七輛目の展望車が満鉄線の陸橋ガード真下に入った瞬間、陸橋ガード下部と展望車の天上に仕掛けられた爆薬が破裂して、展望車は落下した満鉄線陸橋に押し潰され、張作霖は圧死したのである。

この事件は単なる関東軍の警備上の手落ちとされ、関東軍司令官村岡長太郎中将は予備役編入、高級参謀河本大作大佐は停職となり、事件処理を巡って昭和天皇から叱責された田中義一内閣は総辞職した。これが、張作霖爆殺事件のあらましである。

通説では爆殺の実行者を関東軍高級参謀河本大作大佐としている。前述のとおり、村岡司令官は「張作霖の下野が必要」と力説したが、田中義一首相と陸軍中央は張作霖支援の姿勢を崩さず、張作霖も、田中首相の威光を背景に、関東軍幕僚に対して尊大な態度を取っていた。こうした状況下、河本大佐は、

一、一万四百人の小兵力の関東軍は、蔣介石やソ連と妥協して満州の平穏を保つ。

二、張作霖は蔣介石への対抗心が強く、扱いかねる。
三、満州の実情を知らない陸軍中央が「張作霖を満州に君臨させている限り、満州の治安は保たれる」と信じて、張作霖をのさばらせたことが過ちの始まり。
四、張作霖が下野しないなら、関東軍の手で張作霖を消して、蔣介石やソ連と妥協を図りたい。

と考えて張作霖を爆殺した、というのだが……。

張学良が関東軍を裏切る

張作霖の後継者と目されていたのは、張作霖側近の東三省総司令呉俊陞《ごしゅんしょう》と、奉天軍総参謀長の楊宇霆と、長男の張学良であった。

このうち呉俊陞は、張作霖の特別列車に同乗して死亡した。

張学良は、学業は優秀だがアヘン吸引者で遊蕩三昧との噂も絶えず、信望に欠けていた。

結局、衆目の一致するところは、奉天軍総参謀長楊宇霆だった。

張作霖爆死四日後の昭和三年六月八日、蔣介石軍は北京へ入城して北伐の完了を宣言する。苦《クー》力《リー》に変装して北京を脱出した張学良は列車で奉天へ戻ると六月二十三日に父の葬儀を営み、七月四日、日本軍との決別を宣言し、十二月二十九日に易幟《えきし》（国民政府の青天白日旗を掲げること）を行ない、蒋介石への服従を誓った。

そして昭和四年（一九二九年）一月十日、張学良は楊宇霆とその腹心の鉄道大臣常蔭槐《じょういんかい》を、

「麻雀をやるからお見えください」

と自邸へ招き、応じた楊宇霆と常蔭槐が応接間に入ると、突然、射殺した。こうした悪辣な手口で張学良はライバルを倒し、満州の支配者となるのである。

実は、満州の特務機関員の間で、張作霖爆殺事件について、次のような話がささやかれていた。

「奉天軍総参謀長楊宇霆は、名将の誉れ高き郭松齢を妬み、張作霖に従って郭松齢を討ったが、郭松齢亡き後、自分が北伐軍との戦闘に酷使されて疲労困憊。『狡兎《こうと》死して走狗《そうく》煮らる』とは自分のことか、と郭松齢を討ったことを悔やむようになった。

よく考えてみると、郭松齢に張作霖を殺させて世代交代を進め、その後、自分が郭松齢を倒すべきだった……。

楊宇霆は『蒋介石・ソ連と事を構え関東軍の支持を失った張作霖に、これ以上、従っていれ

ば、自分も身の破滅だ。むしろ張作霖を亡き者にして、自分が満州の主人公となり、蒋介石・ソ連・日本と妥協したい』と考えた。

日本の陸軍士官学校を卒業した楊宇霆は『郭松齢が失敗したのは、彼が日本の支持を得なかったため』と判断し、関東軍高級参謀河本大佐に存念をほのめかすと、事情を察した河本は、楊宇霆への支援を約束した。のみならず河本は『しかしそれでは織田信長に酷使されたことを不満として信長を謀殺した明智光秀と同罪で、主殺しの汚名を着た楊宇霆の政権は正当性を疑われるから、楊宇霆が張作霖暗殺を成就した暁には、俺の仕業としてやる』と悪名を引き受け、楊宇霆に救いの手を差し伸べた。

張学良と蒋介石

しかし『蛇の道は蛇』とはよくいったもので、張学良は父の死後、この謀略を知り、政権奪取を狙った楊宇霆と、列車天井に爆薬を仕掛けた鉄道大臣常蔭槐を殺し、父の仇を討った。以来、張学良は日本陸軍の報復を警戒し、身の保全のため、蒋介石と中国共産党に接近した」

この噂について私は、肯定する論拠を持っていないが、聞き流すこともできない……。

第四章　石原莞爾、漢口からベルリンへ

国際連盟とワシントン体制

第一次世界大戦が大正三年（一九一四年）七月二十八日に勃発して大正七年十一月十一日に終戦となり、パリ（ベルサイユ）講和会議が開かれ、大正八年六月二十八日にベルサイユ条約が調印された。そのとき、アメリカの提唱で大正九年（一九二〇年）に世界の恒久平和を目指した国際連盟が設立され、日本・イギリス・フランス・イタリアが常任理事国となった。なおアメリカは議会の反対で結局、国際連盟には参加しなかった。

このとき随員として参加していた貴族院議員近衛文麿二十七歳は、

「国際政治は正義でなく、力によって動いており、英米など大国は横暴である。外交は、これまでの秘密外交から公開外交へ転換しており、プロパガンダが重要な時代になってきた。しかしわが日本は、この面で完全に遅れている」（『講和会議所感』）

と記し、プロパガンダの重要性という国際政治の新しい動きを指摘した。

さらに近衛は、パリ講和会議の終了後、欧米各国を見聞して次のように書いている。

「余は、米国における最近の排日的傾向が、彼《か》の国の知識階級において著しく認められる事実を見て、米国に対するプロパガンダの必要を感ぜざるを得ず。知識階級の排日は道徳的理想の相違なり。道徳的理想に基づく排日に対しては、プロパガンダにより誤解をとくことができる。

余は今日、プロパガンダが何より急務なりと信ずる」（『戦後欧米見聞録』）

議会の反対で国際連盟に参加できなかったアメリカはこののち、国際連盟に代わる新しい外交の枠組みとして、大正十年（一九二一年）十一月十二日、海軍軍縮に関する日英米仏伊の五カ国と、中国およびアジアに関係の深いベルギー・オランダ・ポルトガルによる九カ国で、ワシントン会議を開催した。

この場でアメリカが「米・英・日の海軍比率を十・十・六とする海軍軍縮」を提議しイギリスが受諾すると、日本全権加藤友三郎海相も対米英六割を受諾した。

さらにアメリカは日本・イギリスにフランスを加えた四カ国で大正十年十二月十三日、「太平洋の島々の領有について米・英・日・仏は相互の権利を尊重する」との四カ国条約を成立させ、同時に日本とイギリスに日英同盟を廃棄させた。

中国問題については大正十一年（一九二二年）二月六日、九カ国条約を締結して、「中国の主権ならびに領土的保全を尊重し、中国の門戸開放・機会均等の原則を守る」とし、中国問題に関するアメリカの伝統的主張を、拘束力のある条約とした。

この国際協調体制を「ワシントン体制」という。

ワシントン会議後、首相兼海相の加藤友三郎は海軍軍縮を断行する。陸軍も山梨半造陸相が大正十一年八月と大正十二年四月に「山梨軍縮」を行ない、二十一個師団体制という師団数を減らさず、師団兵員数を減少させ、兵員五万六千人を減じ、陸軍予算二千四百万円を削減した。

このの ち加藤高明内閣の宇垣一成陸相が、大正十四年に四個師団を廃止して十七個師団体制にする「宇垣軍縮」を断行。兵員三万四千人、馬匹六千頭を削減し、人件費削減により捻出した財源で飛行連隊・戦車隊・高射砲連隊・通信学校・自動車学校などを新設して装備近代化を達成した。

この山梨軍縮と宇垣軍縮により日本陸軍は九万人、すなわち総兵員の三十二パーセントを減じた。

わが国はワシントン体制のもとで、加藤友三郎首相兼海相が海軍軍縮を、山梨半造陸相および宇垣一成陸相が陸軍軍縮を推進し、米英との協調を図ったのである（しかし多くの将兵を退役させた宇垣への陸軍の反発は凄まじく、昭和十二年、宇垣に組閣の大命が降下した際、陸軍が流産させている）。

憲政の常道

またわが国は、ワシントン体制のもとで「憲政の常道」という独自のデモクラシーを発展させた。憲政の常道とは、

「二大政党制下で衆議院第一党の党首が組閣する。内閣総辞職の場合、野党第一党に政権交代する。ただし首相の死亡等による総辞職の場合は与党から後継首相を出す」

というもので、犬養毅首相が五・一五事件の凶弾に倒れる昭和七年まで続けられる。

憲政会（のちの民政党）の首相加藤高明が大正十五年一月二十八日に急逝すると、加藤高明内閣の内相だった若槻礼次郎が一月三十日、憲政会を基盤として第一次若槻礼次郎内閣を組織した。

ところが翌年の四月四日、総合商社鈴木商店の倒産により台湾銀行（国有）と日銀の経営が揺らぎ始めた。そこで若槻内閣は、

「日銀は台湾銀行に特別融資を行なう。政府は日銀に二億円を限度として補償する」

との緊急勅令を公布して台湾銀行を救済すべく、枢密院に諮った。

しかし政友会系の枢密顧問官伊東巳代治が四月十七日の枢密院の会議で、台湾銀行救済の緊急勅令を却下したうえ内閣総辞職を要求したので、若槻内閣は同日夕刻、総辞職した。すると多くの銀行がバタバタ潰れる金融恐慌が生じ、金融界はたちまちパニック状態に陥るのである。

憲政会の第一次若槻内閣が倒れると、憲政の常道に基づき、四月二十日、政友会総裁の田中義一（陸軍大将）が内閣を組織した。田中は「オラ（俺）が、オラが」が口癖で、「オラガ大

将」とあだ名され、寿屋（現サントリー）から「オラガビール」が発売されるほど人気があった。

田中は就任するやただちに蔵相高橋是清に命じて、「三週間の支払猶予令（モラトリアム）」を施行、日本銀行総裁井上準之助にも巨額の救済融資を実施させ、なんとか金融恐慌を乗り切った。

このように田中義一内閣は金融恐慌への対処に加え、景気対策や治安対策など内政上の諸懸案に大わらわで、複雑化する中国問題に関わる余裕は全くなかった。

しかし、張作霖が昭和三年六月四日に列車の爆破により殺害される。

そこで陸軍省と参謀本部は首謀者と見られていた河本大佐を東京へ召喚し、六月二十六日から尋問を行なったが、河本大佐は、

「自分は一切関与していない」

と抗弁した。

このため田中首相は憲兵司令官峯幸松少将を満州へ派遣し、外務省・陸軍省・関東庁による特別委員会を設置して調査すると、実行者はやはり河本大佐、との結論を得た。

そこで田中首相は、河本大佐を拘束するよう陸相白川義則に要求した。だが、陸軍刑法は、

一、下士官・兵の命令不服従・脱走・敵前逃亡など利敵行為の処罰。
二、下士官・兵の賭博・強姦・軍備品窃盗など破廉恥不正行為の処罰。

を定めていたが、「敵性人物の殺害」は処罰対象外だった。関東軍は、「張作霖は関東軍を裏切った敵」と見なしているのだから、河本大佐は敵性人物を殺害したに過ぎないことになる。軍法に敵性人物の殺害を処罰する規定はないから、陸軍は軍法会議の開催に強く反対した。

さらに河本大佐は事件関与の一切を否認し、物的証拠もなかった。証拠もないうえ自供も得られず、噂話・状況証拠のみで罰すれば冤罪になってしまう。

田中としては、処罰しようにも、処罰のしようがないのだ。

軍法会議の主管者である陸軍に軍法会議開催の意思がない以上、内閣が軍に軍法会議開催を要求することは「司法権に対する行政権の越権行為」である。

行政をつかさどる田中内閣に付与されている権限は、関東軍の警備上の手落ちとして関東軍司令官村岡中将を予備役編入、河本大佐を停職とする行政処分が成しうる限界だった。

このため事件から一年後の六月二十八日、陸相白川義則は昭和天皇に、

「村岡司令官を予備役編入、河本大佐を停職とする行政処分を行なう所存であります」

と奏上した。すると昭和天皇は「処分が軽すぎる」と発言、昭和四年七月二日、田中内閣は総辞職した。

政友会の田中内閣が総辞職すると、憲政の常道により同日、民政党の浜口雄幸《おさち》内閣が発足、浜口は井上準之助を蔵相に迎え、田中義一内閣がやり残した経済問題に取り組んだ。

田中内閣は支払猶予令・巨額救済融資・積極財政で金融恐慌を乗り切ったが、副作用で物価が上昇し、産業の国際競争力は低下して輸入超過額が増加した。これを放置すれば、

「積極財政・金融緩和→物価上昇→国際競争力低下→貿易収支赤字→景気悪化」

という悪循環に陥る。浜口内閣はこの悪循環を断とうとし、また金解禁を求める財界の声を受けて、昭和五年一月十一日、金解禁を実施した。

ところが、ニューヨーク市場における昭和四年（一九二九年）十月二十四日（木）の株価大暴落（暗黒の木曜日）が各国に波及して、世界恐慌に発展したのだ。金解禁はあまりにもタイミングが悪く、

「嵐が来ているまっ最中に雨戸を開けた」

という最悪の結果となるのである。

ブロック経済

世界中の誰もが「ワシントン体制という国際協調のもとで世界平和が永久に保てる」と信じていたが、ニューヨーク市場の株価大暴落を機に生じた世界恐慌が、こうした希望を粉砕した。世界恐慌の原因は、第一次世界大戦後の復興需要が一段落した結果、総需要が減衰して生産過剰となり、需給バランスが国際的に供給過多になったからである。

このように世界的に大規模な需給バランスの崩壊が生じた場合、現実問題としては一国あるいはグループ国ごとに塀を建てて、いわば鎖国のような状態にして、その範囲内で需要を喚起し、強制的な生産設備廃棄で供給を削減して需給ギャップを解消させる以外に、具体的な対策はない。そうしなければ正直者（自由貿易主義者）が馬鹿を見るだけである。

イギリスは世界恐慌で失業者が激増すると、イギリス帝国経済会議を開き、ポンドを決済通貨とするスターリング・ブロックという排他的なブロック経済を構築した。フランスはフラン圏のフラン・ブロックを構築し、アメリカはドル圏のドル・ブロックを構築した。

ブロック経済とは、イギリスやフランスなど植民地を持つ国々が植民地とともにブロックを形成して域内で特恵関税を設定し、第三国に対しては高率関税や関税障壁を張り巡らせて、他のブロックへ需要が漏れ出さないよう保護する自給自足の経済体制である。

列強は不況を乗り切るため、自給自足を目指す排他的ブロック経済を確立して、「ブロック域内で需要を喚起し、生産設備廃棄による供給削減による需給調整」を行なった。これは嵐が来る前に戸締りをして、自給自足の鎖国体制を作るものである。鎖国は一国だけで行なうやり方もあるが、ブロックで行なうのが、ブロック経済である。

浜口内閣の金解禁は理念的には正しく、美しい政策であるが、「それまで自由貿易主義というグローバリズムの旗手だったアメリカ・イギリスがブロック化という反グローバリズム（ナショナリズム化）へ方針転換するなかで、一昔前のアメリカ・イギリスの自由貿易主義というグローバリズムを真似た一周遅れのランナーの見栄」でしかなかった。だから正直者が馬鹿を見る結果となったのである。

「世界恐慌による需要減衰・生産過多＝需給バランス崩壊」という死神のような大厄災が行き場を求めて世界中をさまよい、アメリカ・イギリス・フランスなど列強がブロック化という反グローバリズムへ転換して扉を閉めるなか、浜口内閣の金解禁のように日本だけが一昔前のアメリカ・イギリスの自由貿易主義というグローバリズムをまねて扉を開くなら、死神のような大厄災が世界中からわが日本へ集中して入ってくるだけのことである。日本もアメリカ・イギリス・フランスなど列国と同様、ブロック化という反グローバリズムへ向かわなければ、日本の生存は不可能である。

そういう意味で満州建国とは、アメリカ・イギリス・フランスなど列国がブロック化という反グローバリズムへ向かうなかで、日本と満州国が「日満ブロック」を形成してわが国の生存を図る一つの方途だった、ともいえよう。

ロシア革命が起きる

第一次世界大戦の総決算は前述の如く、国際連盟の設立とアメリカが主導したワシントン体制だったが、連合国陣営に参加した帝政ロシアはドイツ軍とのタンネンベルクの戦いに敗れて士気が低下し、経済破綻により国民生活が圧迫され、大戦中にロシア革命が発生。世界初の共産主義国家としてソ連が樹立された。こののち共産ソ連は周辺部へ軍事膨張と侵略を開始する。このことを見落とすと、第二次世界大戦の発生原因を理解できない。

第一次世界大戦に参戦した帝政ロシアでは経済が混乱して食糧不足が蔓延し、大正六年（一九一七年）三月八日に首都ペトログラードの女性労働者が「パンよこせデモ」を行なうと、デモ隊の要求は戦争反対や帝政打倒などへ拡大して全市に広がり、各地に労働者・兵士らによるソビエト（労働者・兵士・農民らによる評議会）が樹立された。

当初ソビエトではメンシェヴィキと社会革命党が多数派だった。メンシェヴィキとは、ナロードニキ（人民の中へ分け入る活動をすること）の運動から出発し、「来たるべき革命は、工業プロレタリアートが主体となるブルジョア革命であるべき」との見解を採り、工業労働者の生活改善（労働組合結成・八時間労働・社会保険）を目指す啓蒙活動に力を注ぎ、ブルジョア的自由主義者とも協調したマルクス主義勢力である。「公然活動のみが許される」と主張する古参革命家を数多く含む統制の緩《ゆる》い集団で、テロなど非公然活動を否定していた。

こうしてロシア国会は、ソビエトの多数派であるメンシェヴィキと社会革命党が連立して臨時政府を設立、皇帝ニコライ二世は退位してロマノフ朝が崩壊した。これを三月革命（ロシア暦では二月革命）という。

メンシェヴィキと社会革命党が連立した臨時政府では社会革命党のケレンスキーが首班となり、引き続き連合国の一員として対独戦を戦い、連合国側から歓迎された。

しかしレーニンが同年四月三日に亡命先のスイスから戻って第一次世界大戦からの即時撤兵を主張すると、兵士・労働者らがレーニンを支持したので、レーニンやトロツキーら即時撤兵・戦争中止を求めるボリシェヴィキの勢力が伸張し、十一月七日の武装蜂起により政権はボリシェヴィキと社会革命党による全ロシア・ソビエト会議へ移行した。

そしてレーニンが書いた、交戦相手国に無併合・無賠償・民族自決による即時講和を提案する「平和に関する布告」、地主の土地を無償で没収することを宣言する「土地に関する布告」が採択され、レーニンを議長とする人民委員会議という新政権が発足した。十一月革命（ロシア暦では十月革命）である。

こののち議会選挙が行なわれて第一党となった社会革命党が、大正七年（一九一八年）一月に開かれた議会で、議会に基礎を置く政権を作ろうとした。

ところがレーニンは武力で議会を閉鎖して、ボリシェヴィキによる一党独裁体制を確立し、ロシア社会主義連邦ソビエト共和国（いわゆるソ連）の成立が宣言され、世界初の共産主義国家が樹立された。ボリシェヴィキはソ連共産党と改称し、首都はモスクワへ移った。

また同年三月三日、ソ連はトロツキーを外務人民委員としてドイツと単独講和（ブレスト・リトフスク条約）を行ない、連合国陣営から離脱した。


メンシェヴィキは、ボリシェヴィキが政権を獲得した会議で、トロツキーから、

「君らはあわれむべき破産者だ。君らの役割は終わった。君らは歴史の掃きだめへ行け」

とののしられて、会場から退場した。こののちメンシェヴィキの指導者らはアメリカなどへ亡命する。これに関連して、

「アメリカへ亡命した彼らメンシェヴィキの思潮はアメリカ社会に深く根を下ろし、アメリカ民主党の政策に採用された。大統領フランクリン・ルーズベルトは容共主義者で、共産ソ連及

び中国共産党と連合して、太平洋戦争で日本を軍事征服したのだ」

との説がある。

革命後の混乱を乗り切った共産ソ連は国際政治の新たなプレーヤーとして、ソ連周辺諸国すなわち、

一、フィンランド・バルト三国など北欧
二、ポーランド・ルーマニア・ハンガリー・ドイツなど東欧
三、モンゴル・中国・満州・朝鮮・日本など東アジア

への軍事攻勢を開始する。こうしてソ連周辺地域では共産ソ連に侵略される軍事的脅威が高まり、共産ソ連の軍事膨張がわが日本の国防、特に満州防衛に影を落とすのである。

教育総監部に勤務

ロシア革命が起きたのは、石原が陸大学生だった大正六年である。

石原はロシア革命に特に強い関心を持ってクラスの誰彼をとらえてはよく論じ合い、また『改造』『中央公論』などの雑誌を愛読し、政治にも関心を深めていた。

石原は陸大の卒業論文に『長岡藩士・河井継之助』を書いて、大正七年（一九一八年）十一月に次席で卒業し、恩賜の軍刀を拝受した。首席は鈴木率道《よりみち》（のち作戦課長、陸軍中将）だった。石原が二位になった理由として、

一、陸大首席合格者は皇居で御前講義をすることになっているが、石原は何をいい出すかわからない。

二、朝敵だった庄内藩出身だったから。

など諸説あり、実際のところは定かでない。親友の南部襄吉が、

「とうとう恩賜組になったな」

というと石原は、

「うん。陸大には品行点がないからな」

と冗談交じりにいって呵々大笑したという。

石原は陸軍大学を卒業すると原隊の会津若松第六十五連隊へ復帰し、大正八年四月に大尉に昇進して第四中隊長になった。

陸大卒業生は六カ月の隊付き勤務ののち、陸軍省、参謀本部、教育総監部など中央官庁に配属されることになっており、石原は同年七月に教育総監部付勤務となった。

陸大第三十期の卒業生六十人のうち、首席卒業鈴木率道ら二十六名が参謀本部へ、次席卒業石原莞爾および横山臣平ら三名が教育総監部に配属された。横山臣平は奇人石原の「付き人兼精神安定剤」の役割を期待されたらしい。

石原と横山が最初に与えられた仕事は、歩兵操典・作戦要務令などの校正だった。一人が原稿を朗読し、一方が誤字・脱字を発見する重要だが退屈な作業だ。これを不満とした石原は上官に聞こえよがしに、

「おい横山、こんなつまらない仕事は陸大出の将校のする仕事ではない。優秀な下士官のほうが、われわれより確実だろう」

と述べるなど横柄な態度を取った。このため教育総監部内で、

「石原と横山は横着で不真面目である」

との評判が立ち、俊才の石原はそれでもよいが、凡庸の横山にとってはきつかったらしい。横山としてはいかに「刎頸《ふんけい》の交わり」とはいえ、上官から石原と同じように叱責されることには

閉口したようだ。

しかし、こののち石原がわが国随一の軍事思想家に成長することを見れば、軍当局が石原に親友の横山を付けたことは、石原の大成を期した親心だったのかもしれない。


実は石原の軍事思想家としての胎動は、不満タラタラだったこの教育総監部で芽生えたのである。石原は課長から命じられ各師団長の将兵に対する訓示を読んだが、その多くは、「神がしろしめすわが国体を奉持すれば、社会主義思想や左翼思想など恐れるに足らず」といった精神論だった。石原は天皇主権を唱える東京帝大教授筧克彦の『古神道大義』を研究していたから、各師団長の神道的な国体観念をわからぬでもなかったのだが、ロシア革命でソ連が誕生し、日本社会に多大な影響をおよぼしている以上、

「師団長らのありきたりな神道的国体観念では、ロシア革命の深刻な影響を受けているわが国の社会主義者や、アジアへ影響を強めようとするアメリカの侵略を跳ね返すことはできない。わが国の社会主義者やアメリカに対抗できる理論武装を確立する必要がある」

と考えたのである。

石原は明治三十八年（一九〇五年）に陸軍中央幼年学校に入学した頃、田中智学（日蓮宗指導者で、のちに国柱会を創設）の法華経に関する本を読み始めたが、教育総監部に来て日蓮へ

の憧憬を一段と深めた。石原は大正九年（一九二〇年）元日、日蓮が生まれた房総を訪ねて日の出を拝し、誕生寺（日蓮宗の大本山）に詣で、二日の書初めには「不惜身命《ふしゃくしんみょう》」と書いた。そして一月十日には熊田葦城著『日蓮上人』を読んで、日蓮が信者から身の安全のため折伏《しゃくぶく》を控えるよう勧められても断固として布教をやめなかったことに感動した。

こうして日蓮に傾倒していった石原は、

「会津第六十五連隊における銃剣術の猛訓練は、今でも心に残っている。この猛訓練によって養われたものは兵に対する敬愛の念である。一方、自分の心を悩ましたものは、一身を国に捧げている神のような兵に対し、どのようにして国体に関する信念を叩き込むかであった。私ども将校は幼年学校以来の教育によって、国体に関する信念は断じて動揺しない。しかし兵隊や世間の人々や、さらに外国人にまでわが国体を納得させる自信はない。悩んだ末、ついに私は日蓮上人に到達して真の安心を得た」

と述べている。キリスト教、イスラム教、神道、仏教、マルクス主義などを研究した結果、日蓮に到達した石原は大正九年四月、田中智学が創った国柱会の会員となった。

石原莞爾の日中提携論

教育総監部は石原の科学教育の徹底、技術水準の向上を目指す教育論に注目し、高く評価した。そして石原に出世コースであるドイツ留学をさせ、日本陸軍の軍内教育に貢献させることとした。石原に相伴《しようばん》して叱責され横着で不真面目と評された横山も、教育総監部から陸軍省大臣官房勤務という超エリートコースに転じた。横山（のちに陸軍少将）は、奇人石原の「付き人」として、切れ味鋭い名刀を納める鞘の役割を立派に果たしたことが評価されたようだ。

陸大卒業生のうち優秀者は陸軍省・参謀本部・教育総監部などの中央官庁に勤務後、数年のうちに海外へ留学することになっていた。石原はドイツ語専攻で陸大次席卒業者だから、それだけでも出世コースであるドイツ留学ということになる。だが石原は教育総監部での勤務で、

「強敵ソ連に対する日本の国防は、日中提携を基礎とすべきではないか」

と考えた。しかるに中国では排日運動が激しい。そこで、

「自分はシナの実情を見聞したい」

と中国勤務を熱望、石原は結局ドイツ留学を断り、人の嫌がるドサ回りを志願したのであった。

大正九年（一九二〇年）五月十四日、石原は漢口（現武漢市）の中支那《なかしな》派遣隊司令部に着任する。ここで石原は生涯でただ一人、肝胆相照らす人物と出会う。板垣征四郎である。石原大尉は陸士五期先輩の板垣少佐とともに中国の政情、民情、軍事情報、兵要地誌などの調査に当

たった。
この時期の有名なエピソードが残っている。各地での情報収集の旅行中、中国の警察官から怪しまれ、身体検査をされようとしたとき、石原は機先を制してソレッとばかりに着衣（中国服）を一枚ずつ脱ぎ捨てて、最後は素っ裸になって、警官がひるんだ隙に逃げ出して事なきを得たという。このとき石原は肝心の文書を靴の底に忍ばせていたのである。

石原大尉は漢口で日中不戦を確信し、次のような考えを得た。

一、日露戦争に際し日本はドイツ戦略思想を鵜呑みにして強国ロシアに決戦を挑んだが、これは極めて危険な戦争指導だった。日露戦争に勝ったのは奇跡である。

二、ロシア革命で帝政ロシアが崩壊して共産ソ連が出現した。共産ソ連の軍事力は帝政ロシア以上であるのに、日本陸軍は帝政ロシアの消滅に安心して対ソ連研究をおろそかにしている。のみならず軍事研究そのものをないがしろにし、政治への介入を深め、派閥抗争に熱中するようになった。これは軍のあるべき姿ではない。

三、アメリカは、強大なライバル帝政ロシアの崩壊により、心おきなくアジアを侵略しようとしており、日米抗争の空気が重苦しい。対米戦をどう戦うか研究が必要である。

四、ソ連軍の南侵に対しては満州・華北（中国北部）・朝鮮を拠点として防衛せねばならず、アメリカのアジア侵略に対しては日本海軍が西太平洋の制海権を確保する必要がある。
五、これらを実現するには、日中の協調・提携が絶対的に必要である。

石原が漢口で思い悩んだことは、日本はアメリカとどう戦うか、だったのである。

このことを石原は、内地に残っていた妻銻子《ていこ》への大正九年八月十四日付の手紙で、

「日本はますます孤立しているようです。米国のやり方は猛烈です。米国は正義とか人道とかを看板とし、彼らの本心の利益問題と絡めて、日本に戦争を仕掛けないとも限りません。そうなったら支那・イギリス・ロシアも米国の味方となり、日本は全世界を敵としなければならなくなるでしょう。私がそう言っても、誰も本気で受け付けません」

と述べ、さらに同年十月九日付の手紙では、

「アメリカは世界の中で一番冒険好きで勇敢です。アメリカという国は実に新進気鋭・国富充実・鬱勃たる勇気、それらをどこかへ向かって破裂しなければならないのです。その勢いが日本へ向かい山東問題、シベリア問題、朝鮮問題などから『日本に対抗することが正義だ』と信じているのです」

と書いている。またのちに石原は漢口時代のことを、

「日米抗争の重苦しい空気は日に日に甚だしくなった。漢口時代の大部分は『東亜の問題を解決するためには対米戦争の準備が根底を為すべきである』との判断のもと、持続的な対米戦争に対する思索に費やされた」

と回顧している。

石原は一年五カ月で中央へ呼び戻され、大正十年七月、陸大教官となる。当時の陸大校長宇垣一成は、石原がドイツ留学を拒否していたことを知っていたが、「あれだけの人材を単なる中国勤務で終わらせたくない。ヨーロッパを広く見聞させるべき」と考え、一年後の大正十一年七月、石原にドイツ留学を命じた。

ベルリンに留学

大正十二年一月十八日、石原は横浜港を出帆し、シンガポールにしばらく滞在したのち、三月十七日に、ベルリンに到着した。

石原はドイツで、プロシアのフリードリヒ大王とフランスのナポレオンの戦術を研究の対象とし、その資料の収集と考察に取り組んだ。石原は次のように書いている。

「ドイツ留学の二年間は、主として欧州大戦が殲滅戦争（のち決戦戦争と改称）から消耗戦争

（のち持久戦争と改称）に変転するところに興味を持って研究したのである」（『戦争史大観』）

士官学校時代から世界戦史に興味を抱いていた石原はドイツ参謀本部に通い、研究に没頭した。そしてその研究の集大成として、次の確信を得た。

一、日蓮聖人によって示された世界統一のための大戦争が起こる。
二、戦争性質の二傾向（決戦戦争と持久戦争）が交互作用をなす。
三、戦闘隊形は点から線に、さらに面（砲撃戦）に進み、次に体（空中戦）となる。

やがて石原はこの三つの因子に自身の思想を加味して、いわゆる「世界最終戦論」に到達する。ちなみに、「世界最終戦論」は石原の手によって幾度か変遷を経るが、その論旨は大まかにいって次のようなものである（全文は本書巻末に掲載）。すなわち、

「来たるべき最終戦争では、長距離爆撃による大都市空襲や残虐な原子力兵器による大量破壊によって、戦争は極めて短期間のうちに終結する。このような最終戦争を戦う国としてはヨーロッパ各国、ソ連、日本、アメリカを列挙することができる。

しかしヨーロッパは戦争の本場であり、大国同士がひしめき合い一つになることができない。ソ連は強国だが、スターリンの死後は内部崩壊するだろう。そうなると、東亜の盟主日本とア

メリカ合衆国の決戦となる。この日米決戦こそが世界最終戦争であり、その後、初めて世界は一つになる」

といい、その時期は一九七〇年頃であると予言した（ただし石原は日本が勝つとは予言していない）。

この「世界最終戦論」は昭和十五年に刊行されるや数十万部におよぶベストセラーとなる。

石原はベルリンで研究に没頭する一方で、次のような有名なエピソードをいくつか残した。

一つは、紋付き羽織姿でベルリン、パリ、ロンドンの市中を闊歩したことである。なかには眉をひそめる日本人もいたが、外国人にはかえって好評だったらしい。

もう一つは、仲のよいアメリカ大使館の武官が、「帰国するとき、アメリカに寄らないか」と誘ったのに対し、「イヤ、私がアメリカの土を踏むのは、軍司令官としてアメリカを占領したときである」と煙に巻いたという話である。

ともに、石原の面目躍如たるものがある。

約三年間のベルリン駐在を終え、大正十四年十月に帰国した石原少佐は、陸大教官としてドイツで学んだヨーロッパ古戦史を三年間教授したのち、中佐に昇進のうえ、関東軍作戦主任参謀として、張作霖爆殺事件の興奮冷めやらぬ満州に転出する。

第五章　満州事変

スターリンの台頭

前述のとおりレーニンとトロツキーが樹立した共産ソ連は、革命四年後の大正十年（一九二一年）に中国共産党を結成したうえ、孫文に肩入れして中国の間接支配を目指した。

しかしレーニンは翌年三月頃から健康を害し、モスクワ郊外へ移って静養した。するとスターリンがレーニンへの面会を取り次ぐ秘書役のような役職に就いて政権内で影響力を強め、若手党員を抜擢して各地の党支部書記に任じ、彼ら党支部書記を使って中央委員を自派で固め、権力を掌握した。レーニンが大正十二年（一九二三年）三月十日の発作で会話と筆記の能力を失い、翌年一月二十一日に死去すると、スターリンは一月二十七日の葬儀を取り仕切り、実力者として認められるようになる。

レーニンの死後、後継の座を巡って、レーニンの片腕で本命視されたトロツキーと、この新参者のスターリンが対立した。トロツキーは従来からのボリシェヴィキの理念である世界革命論を主張したが、スターリンは貧民階級の味方と自称して一国社会主義論を唱えた。すると戦争に疲れていた多くのロシア民衆はスターリンを支持したので、新参者のスターリンが実権を握った。

このちスターリンは昭和二年（一九二七年）十一月十四日にトロツキーを党から追放して

最高権力者となり、昭和十五年（一九四〇年）、メキシコに亡命していたトロツキーを、子供もろとも暗殺する。

共産ソ連は中国へ介入して中国の間接支配を目指したのちも周辺地域に対する軍事膨張を進め、革命七年後の大正十三年（一九二四年）七月に蒙古へ進出してソ連の保護国としてモンゴル人民共和国を建国し、モンゴルの直接支配を進めた。その手口は巧妙で、まず秘密工作員を送り込んで地下活動を行なったうえ、傀儡《かいらい》政権の要請により、正規軍が進駐したのである。

こののちモンゴル人民共和国は共産ソ連の指導により親ソ路線を採り、昭和三年（一九二八年）、私有家畜の没収、富裕層の排除、仏教禁圧など急進的な社会主義政策を断行、抵抗する遊牧民・富裕層・仏教僧ら多数を粛清、虐殺する。満州事変（昭和六年）の三年前のことである。

革命後のソ連がこのように蒙古に進出すると、次に満州がソ連の軍事的脅威にさらされるのである。

張作霖の死後、満州の支配者となった張学良は排外姿勢を強め、日本やソ連の国際法上認められた諸権利を武力で不法に侵害した。

日本に対しては張学良配下の武装警官が昭和四年（一九二九年）五月、本渓湖の石灰製造工場を襲って閉鎖を命じて設備を破壊、七月には大石橋の滑石鉱山を襲って採掘を禁止して坑道を破壊、さらに「関東軍は満州から撤兵せよ」と要求するなど、張学良は排日行動をどんどんエスカレートさせた。

ソ連に対しても張学良は昭和四年七月、ソ連の東支鉄道（かつての東清鉄道）を強行回収した。するとソ連はこれを不満として国交断絶を通告し、同年八月、ソ連極東軍が満州里へ侵入して張学良軍を圧倒、さらに満州各地を占領する。敗北した張学良はやむなく同年十二月、ソ連と講和した。

このときソ連極東軍は、日本の関東軍との衝突を恐れ、満州全域への侵攻は断念した。関東軍高級参謀板垣征四郎大佐は、

「日本が満州に勢力を有していなかったら、ソ連は満州全域の占領を辞さなかっただろう。満州の共産化は朝鮮の治安を乱し、朝鮮の治安が乱れれば内地の治安に影響する」

と述べて、危機感をあらわにした。

東アジアにおける地政学

昭和四年のソ連極東軍の満州侵攻は、日露戦争の構図とも、太平洋戦争終戦五年後の昭和二

十五年（一九五〇年）に勃発した朝鮮戦争（～昭和二十八年）の構図とも似ている。

昭和二十五年六月、北朝鮮軍十数万人の大軍が三十八度線を越えてソ連戦車を先頭に韓国領内へ侵攻。十月十九日には中国人民解放軍二十六万人が鴨緑江を渡って参戦し、十一月になると、ソ連人パイロットが操縦するソ連戦闘機ミグが米軍を攻撃した。

マッカーサーは、中国人民解放軍およびソ連製戦車・ソ連製戦闘機が登場する朝鮮戦争に直面して初めて東アジアの地政学に気付き、

「東京裁判で日本の軍人が主張していたことが正しかったのだ」

と理解し、アメリカ議会で、

「アメリカが過去百年間に太平洋で犯した最大の失敗は、中国で共産主義者が勢力を増大させていくのを見過ごしたことである。アメリカは日本を中国・満州・朝鮮から駆逐して目的を達成したかに見えたが、しかしその結果、過去半世紀にわたって日本がこの地域で果たしてきた共産主義者によるアジア支配を防ぐという役割を、今後はアメリカが日本に代わって引き受けねばならなくなった」

と演説した。

朝鮮戦争でアメリカ兵三万人が死亡したのを見てマッカーサーはようやく、

「東アジアの地政学は、日露戦争から太平洋戦争を経て朝鮮戦争に至るまで、ソ連の軍事膨張・

軍事的南下への対応を軸に動いていたのだ」

と覚ったのである。

歴史を語るには、年代記である歴史的事実と、いつの時代も変わることなき地政学との「縦軸と横軸」の複眼によってなされなければならない。どちらか一方を欠いたものは、歴史とはいえない。蒙古・満州・鴨緑江・三十八度線という東アジアの地政学は、「日露戦争の前後から始まり、共産ソ連によるモンゴル人民共和国建国、日本による満州国建国、太平洋戦争を経て、朝鮮戦争終結に至るまで、共産ソ連（ロシア）の軍事膨張への対応というメカニズムを軸に動いていた」

のである。そしてこの地政学はもちろん、現在も続いている。東アジアは東欧・バルカン半島・中東と並ぶ世界の四大火薬庫の一つなのだ。

このことを理解しなければ、満州建国も太平洋戦争も朝鮮戦争も、そしてこれから東アジアで起きるであろう台湾有事や尖閣危機などを理解することはできないのである。

石原中佐の檄

ソ連はスターリンの指導のもと、昭和三年（一九二八年）から第一次五カ年計画をスタートさせ、鋳鉄生産量六百二十万トン、発電量千三百五十万キロワット、石油採掘量一億五千四百万バーレルなど重工業・エネルギー面で驚異的な発展を遂げ、ソ連軍も抜本的に近代化される。

これにより、ソ連は隆盛した経済力と近代化した自軍の軍事力を背景に国際政治の新たなプレーヤーとして蒙古・中国・満州など東アジアや、フィンランド・バルト三国など北欧、ポーランド・ルーマニア・ハンガリーなど東欧への軍事膨張を展開する。

そんななかモンゴル人民共和国は、スターリンの意向のもとソ連の保護国としての様相をより深めて軍事力強化に邁進し、ソ連の尖兵または出城としてソ連の軍事的膨張の先鋒となる（モンゴル兵は身体強健で、日本兵より遥かに強靭だった）。

スターリン

これを見た陸軍中央は、ソ連軍の南下とモンゴル人民共和国の軍国化を脅威とし、関東軍に対して、張学良政権との間に事件が起こっても極力隠忍し、大事にならぬよう厳戒した。これに対して関東軍作戦主任参謀の石原は軍中央を「腰抜け」とののしって不服の態度を示し、次のように反論した。

「日本政府および軍中央はいたずらにソ連の南下を恐れているが、その補給力は極めて貧弱で、もし関東軍が行動を起こした場合、ソ連は満州を放棄する決意を有しているものと推定される。またアメリカは満蒙において根拠地がなく、経済封鎖によって関東軍を屈伏させるがごときは空論に過ぎない。したがって今こそ充分なる準備と覚悟を要するも、満蒙問題の解決を図らねばならない。これは日本のためのみならずシナ民衆のためにも最も喜ぶべきことであり、歴史的に見ても満蒙は漢民族よりむしろ日本民族に属すべきものなり」(石原莞爾中佐「国運転回ノ根本国策タル満蒙問題解決案」)

満州事変という驚天動地の大計画は、石原のこの構想によって進められ、また中央からの不拡大方針を無視してこれを強行した裏には、石原のこうした信念が支えとしてあったのである。

繰り返しになるが、共産ソ連はワシントン体制という国際協調主義を破壊し、やがてソ連周辺地域を恐怖に陥れる。こうしたなかで、第一次五カ年計画が完成する昭和七年頃、日本だけが、ソ連軍の脅威の深刻さに気付くのである。しかるに七年後の昭和十四年以降、ソ連軍に占領されてしまうポーランド、フィンランド、バルト三国、ルーマニアなど国際連盟加盟国はソ連を甘く見て、自分たちが七年後にはソ連軍に占領される危機を迎えるなどこのとき、考えもしなかったのだ。

万宝山事件

当時、満州は軍閥割拠の状態にあり、地方軍閥が軍費確保のため住民に高額の税金を課したから住民は貧窮に喘ぎ、治安が悪化、鉄道施設・建物・農場・商店等への窃盗・強奪・襲撃・掠奪・放火・暴行・殺人など非合法行為が多発していた。また満州へ入ったソ連秘密工作員の地下活動が猛威を振るって共産主義思想が満州全域に広く浸透、匪賊の動きも活発になり、昭和六年五月には海城・遼陽・開原・本渓湖・営口などで暴動が発生、治安の悪化が加速した。

そこで満鉄の奉天事務所長と居留民会長とが関東軍守備隊の平田幸弘会津若松連隊長を訪れ、

「奉天の日本人学童が小学校に通学する際、満州人から投石せられ通学できない者が多く、なんとか軍隊で守っていただきたい」

と要望した。しかし平田は、

「そんなことは誤解を招くおそれがあるからできない」

と拒否した。

すると危機感を深めた日本人居留民の間から、

「関東軍の軍刀は竹光（竹で作った役に立たない刀）か！」

と関東軍をなじる声が起きた。

このようなときに万宝山《まんぽうざん》事件が発生する。

長春の西北三十キロの万宝山に入植した貧しい朝鮮人農民が、シナ人地主に小作料を払ったうえで灌漑用水を開溝したところ、吉林省の武装警官約五十人が工事中止・朝鮮人農民退去を求め、さらに派遣されてきた保安隊約二百人が、朝鮮人農民約九十人を拘引したのだ。

この事件に満州在留邦人は朝鮮人への同情とシナ官憲への反感を募らせ、六月十三日夜、満州青年連盟（満鉄社員らによる組織）が大連で演説会を開くと、会場は激昂した在留邦人で満席になった。演説会では冒頭、長春支部代表小沢開策（征爾の父）が事件の詳細を報告し、飢餓と侮辱に耐える朝鮮人農民の窮状を切々と語り、他の弁士も官憲の暴虐を訴え、最後に大連支部長関利重が、

「われら在満邦人の生存権は、シナ政府の不断の圧迫と条約蹂躙の不法行為により覆轍の危機に瀕す」

と述べ、
一、満蒙における多頭政治を打破して、有力なる統制機関を実現すること。
二、満蒙における諸民族の協和を期すこと。

などを決議した。

中村震太郎大尉殺害事件

加えて昭和六年六月に中村震太郎大尉殺害事件が起きる。

中村大尉は陸軍参謀本部作戦課員で、将来を嘱望された逸材だった。

日本陸軍は対ソ戦の基本戦略として、

「ソ連は昭和三年から始まった第一次五カ年計画で軍の近代化に成功した。兵力・火力・機械力に劣る日本陸軍が、近代化されたソ連の大軍と満州の大平原で戦うのは不利である。従ってソ連軍を大興安嶺周辺の起伏に富んだ丘陵地帯へ誘い込み、白兵戦に持ち込み、各個撃破する」

との戦術を立て、中村大尉に実地研鑽のため視察を命じた。

大興安嶺周辺は人影もまばらで地図さえない未踏の荒野で、匪賊が横行する物騒な場所だった。同地の視察を命じられた中村大尉は、昂々渓《こうこうけい》で旅館「昂栄館」を経営していた予備役曹長井杉延太郎に同行を依頼、雇人二名（白系ロシア人と蒙古人）を加えた四人は馬で大興安嶺の東麓を進んだ。日本人は満州での往来の自由を認められており、一行は通行証を携行していた。

中村大尉一行は大興安嶺の東麓を騎行する途中の六月二十五日、屯墾軍第三団（張学良軍）に捕縛された。一行は通行証を提示したが、第三団長代理関玉衡《かんぎょくこう》中佐は四人を縛り上げ監禁・拷問。六月二十七日には四人の口内に綿花を詰め込み脛を縄で縛ったうえ、皮鞭で三十分間も乱打した挙句、東方二キロの丘で銃殺した。そして証拠隠滅のため死体にガソリンをかけて焼却・埋没し、口封じのため兵士各々に銀二十元と中村大尉一行の所持品を分与した。

この事件が八月二日に明るみに出ると、日本国内の世論は沸騰した。

第二次若槻礼次郎内閣の外相幣原喜重郎は「責任者の処罰と賠償を求める」として外交的決着を目指したが、東京朝日新聞は「わが将校虐殺事件、暴虐の非を糾《ただ》せ」と題して、「未曾有の暴虐極まる惨殺事件が満州の支那官憲によってなされたのは、支那の日本に対する驕慢が昂じた結果であり、日本人を侮辱した行動である。今、支那の暴虐を糾さなければ、今後さらに憂《うれ》うべき事態の続出を免れない。支那に一点の容赦すべき処はない」

と糾弾し、日本側の断固たる処置を要求、日本陸軍を刺激した。

そもそも日露戦争の基本的構図は、義和団事変が満州へ波及してロシアが満州を占領し、清朝の光緒帝が「ロシアに占領されては永久に戻らない」と嘆いたその満州を、日本陸軍がロシア陸軍を撃退して清国に返してあげた、という親切話なのである。これを踏まえてこの頃、多くの日本人が、

「日露戦争で日本が勝たなければ、満州はロシアのものとなったはずである。しかるに清国は日露戦争に何一つ貢献しなかった。日本が日露戦争で得た国際法上の正当な権利を張学良が侵害するのなら、根本的解決は武力行使によるしかない」

と考えるようになっていた。そうした雰囲気のなかで朝日新聞をはじめとする日本のマスコミも、

「満蒙問題の根本的解決には武力行使もやむをえず」

との論調を次第に強めていったのである（中村大尉を讃えた服部良一作曲の「噫、中村大尉」のレコードは空前のヒットとなった）。

満州事変の推進者

満州事変の立役者は石原莞爾といわれているが、実は陸軍統制派の軍事課長永田鉄山が中央で支援体制を確立し、満州組と呼ばれる石原莞爾作戦主任参謀と気脈を通じて、二人三脚で計画したものである。作戦は、中央から支援されなければ、現地軍だけでは行なえない。

満州事変の「陰」の中心人物である永田鉄山は、事変一年前の昭和五年八月に陸軍省軍務局軍事課長に就任し、同年十一月に満州へ出張した際、関東軍主任参謀石原莞爾に北大営《ほくだいえい》（張学

良軍の本陣）砲撃のための二十四センチ榴弾砲の送付を約束した。二十四センチ榴弾砲は二百キロ砲弾を一万メートルも飛ばすことのできる、大口径の攻城重砲である。だが、そもそも関東軍は南満州鉄道の安全確保を目的とした鉄道守備隊であるのだから、関東軍には不似合いな大砲である。表立って配備すれば満州侵略の意図を内外に宣言するに等しい。そこで永田は軍事課長の地位を利用して東京兵器廠の了解を取り付け、分解して商船に積み込んで秘密裏に奉天へ送り、事変勃発二カ月前の昭和六年七月には据え付けを終えていたのである。

事変勃発一カ月前の昭和六年八月十一日には、永田鉄山軍事課長の主宰による三省二部（外務省、陸軍省、海軍省、陸軍参謀本部、海軍軍令部）の課長約二十人による「十日会」と名付けられた会合が料亭「竹葉」で午後七時から開かれ、

「関東軍が事を起こした場合、政府の施策を主導すべく最大限の努力を払う」

との方針が確認された。すなわち満州事変は、現地で関東軍を動かした石原莞爾（満州組）と中央の永田鉄山（統制派）との密接な連携の上で計画されていたのである。

満州事変の勃発

満州事変といえば石原莞爾、石原莞爾といえば満州事変、といわれるほど、満州事変と石原

とは切っても切れない関係であり、彼が果たした役割はまさに歴史的というべきものである。現在においてもこの事変は、すべて石原の手によって実行された謀略というのが定説となっている。共謀者とされる板垣征四郎高級参謀や張学良軍事顧問補佐官の今田新太郎大尉らは、みな石原のシナリオに従って行動した脇役に過ぎず、本庄繁関東軍司令官や三宅光治参謀長に至っては、石原に操られたロボットであった、とされている。

石原はそのシナリオどおり、わずか一万の軍勢で二十三万の中国軍（主力は張学良軍）を破り、在満日本人の生命を守った。それだけではない。石原には満州をアジア民族が協和する「王道楽土」にするという大きな夢と理想があり、それを満州建国という形で結実させようとしたのである。

満州事変は、奉天駅の北方約二キロの地点にある柳条湖《りゅうじょうこ》（溝）の満鉄下り線のレールが、そこから東方六百メートルにある北大営に駐屯する中国軍のために「爆破された」とも「爆破を企てられた」ともいわれるが、いずれにせよ、昭和六年九月十八日の午後十時頃、この付近で起きた爆発音が事変の引き金となったことは間違いない（柳条湖事件）。

この夜、鉄道警備に任じる島本（正一、中佐）大隊の第三中隊が奉天駅北方で夜間警備演習を実施していた（川上精一大尉の中隊も東大営飛行場付近で演習予定であったが日本領事館に察知され、中止）。第三中隊の中隊長、河本末守《すえもり》中尉は駐屯地の虎石台から線路に沿って柳条湖近くまで演習をやり、二人の兵を連れてさらに南進した。

その夜は、空は晴れていたが、暗夜で視界はさして利かなかったという。河本が点検のため線路を横断しようとしたところ、突如、今しがた通ってきた後方から爆発音が聞こえたので慌てて引き返すと、闇のなかに中国兵数名がうごめいているのを認めた。河本がこれに向かって射撃を加えたところ、付近の高粱畑から相当部隊の中国兵が現われ、河本らに向かって猛射を始めた。そこで河本らは後退し、奉天の大隊長に急報した。

ところがそのとき島本大隊長は宴会で酔っ払って官舎で就寝していた。起こされた島本が受話器を取ると、兵が、

「非常呼集です」

という。

「演習か？」

「いや、本当です」

「本当とは何だ」

「河本中隊が中国軍と交戦中です」

「馬鹿ッ、それをはやくいえッ」

驚いた島本は押っ取り刀で奉天駅から二個中隊を率いて汽車に乗り、十時五十分に柳条湖で

下車、ここで河本中尉と合流し、ついに本格的戦闘が開始されたのである。

なお島本大隊長によると、爆破地点には四名の中国兵の死体が遺棄され、爆薬も残されていた（森正蔵著『旋風二十年』）という。ただ、爆破直後に走行してきた長春発大連行きの列車はそのまま現場を通過している。

一方、会津若松連隊長平田幸弘大佐は十時四十分頃、島本中佐から、

「満鉄線路、中国軍に破壊されたるをもって攻撃に向かわんとす」（前掲書）

との電話を受けるや、

「よしッ、わかったッ」

と答え、自らも出動を決意して連隊に攻撃を下令。

これにより北大営に向けて二十四センチ榴弾砲が火を噴くや、今田新太郎大尉が白刃を振りかざして斬り込み、続いて鉄道守備兵が突撃すると中国軍は総退却、日本軍は午前三時四十分頃には奉天一帯を完全に占領したのである（危険を察した張学良はいち早く北京に脱出）。

ちなみに事件から二十五年後の昭和三十一年になって、関東軍の奉天特務機関長代理であった花谷正少佐が、鉄道爆破は関東軍の自作自演で、「河本（末守中尉）が自らレールに騎兵用の小型爆弾を装置して点火した」（河出書房編『別冊知性』十二月号）との暴露手記を発表し、世

間を驚かせた。以来、「満州事変はこうして計画された」と題したこの手記があらゆる戦記物のネタ元となっているが、実は、これは花谷が書いたものではなく、当時大学生だった秦郁彦氏が、「大風呂敷を広げる癖のある花谷の話を取捨選択して花谷の名で（自分が）発表した」（秦郁彦著『昭和史の謎を追う』）ことが明らかになっている。

この手記によると、謀略に参加したのは、「板垣、石原、私（花谷）、今田の他、実行部隊から川島、小野両大尉、小島、名倉両少佐」で、九月十六日夜、「決行するかどうかをめぐって議論は沸騰」したので、「とうとうジャンケンをやって、一応私の意見に従うことになった。ところが翌日になって今田が私の所へやってきて、どうしてもやろう」というので、「とうとう私も同意して十八日夜決行を決めた」となっている。さらに、「それから先ず小島を呼び、川島、名倉を呼んで『十八日にしたぞ。お前達の大隊はどんどんやって奉天城を一晩で取るんだ。川島は北大営を取りさえすればいい』と云い渡した」という。だが片倉衷《ただし》元大尉によると、そもそも「花谷は口が軽いというので石原に敬遠されていた」（中村菊男著『満州事変』）ため、石原の計画には参加していなかったという。

事件翌日の九月十九日正午、本庄軍司令官、三宅参謀長、石原ら参謀部員を乗せた軍用列車が関東軍司令部のある旅順から奉天に到着した。本庄らは駅の貴賓室で、来奉した建川美次少将に会うため前夜奉天にいた板垣からつぶさに戦況を聞き、夕刻、満鉄の東拓ビルに移った。

石原は意気盛んで、

「閣下、とにかく事件は起こってしまったのであります。この際、全満州を占領しなければなりませんッ」

と力説した。

だが本庄はただ黙って聞いているだけだった。そこで板垣が、

「こうなっては断固、邁進するほかに対策がありません」

と説得した（満鉄付属地外への出兵には奉勅命令を仰がねばならなかった）。

午前二時、本庄はついに石原と板垣に押し切られた。

一同は思わず「バンザイ！」を叫んだという。

幕僚たちは一睡もせず、電報に次ぐ電報を方々に発した。

片倉衷大尉が、

「中佐殿、ハルビンはどうしますか」

と問うと石原は、

「ナニ、ついでにハルビンもやってしまうさ」

と呟いたという。

こうして関東軍一万は奉天に続き吉林、遼陽などを次々に攻略し、十一月十九日にはソ連と国境を接する黒竜江省の省都チチハルを占領する。張学良の軍隊は二十万とも三十万人ともいわれる大軍で、戦闘機・戦車など近代的装備を具えていたが、一機の戦闘機も一台の戦車も持たない関東軍に一気に蹴散らされたのだ。

これについて評論家の黄文雄氏は、

「これは、満州の民衆の支持があったから可能だったとみるべきである。(張学良の軍隊は)日本軍の占領に不抵抗だったというよりも、民衆から見放されて追放されたのである」(『満州国は日本の植民地ではなかった』)

と指摘している。

満州建国

第二次若槻礼次郎内閣(昭和六年四月十四日〜)にとって内閣発足五カ月後に勃発した満州事変は、思いもかけぬ事態だった。そこで十九日に緊急閣議を開き、外相幣原喜重郎が、

「事変は関東軍の計画的行動である」

と判断して陸相南次郎に抗議、閣議は事変不拡大方針を決定し、十九日夕方、陸相南次郎と参謀総長金谷範三が関東軍の暴走を抑えるべく関東軍司令部に不拡大命令を訓電、九月二十四日、内閣は事変不拡大方針を声明した。

ところが関東軍は声明を無視して、圧倒的な強さで満州を席巻してしまう。すると張学良に反発する満州人有力者らが各地で、中華民国（主席蒋介石）からの独立を目指して動き出した。九月二十四日には袁金鎧《えんきんがい》を委員長とする奉天地方自治維持会が、二十六日には熙洽《きこう》を主席とする吉林省臨時政府が、二十七日にはハルビンで張景恵《ちょうけいけい》による東三省特別区治安維持委員会が設立され、それぞれ中華民国からの独立を宣言し、既成事実が積み上がってしまった。

一方、外相の幣原は参謀総長の金谷に、

「戦線を奉天で止めるよう」

要請し、金谷は了解して停戦を下令したが、この命令をあざ笑うかのように、石原は自ら偵察機隊の指揮官機に乗り込み、張学良軍の残党が集結する錦州中心部に七十五発の爆弾を投下した。進退きわまった若槻内閣は同年十二月十二日、総辞職する。

張学良軍

若槻民政党内閣が総辞職すると、憲政の常道により十二月十三日、政友会の犬養毅内閣が成立する。犬養は政党人としての立場から、陸軍の重鎮荒木貞夫を陸相に迎え、引き続き満州事変の不拡大に努めた。

荒木と同じ皇道派の参謀次長真崎甚三郎は、

「満州事変は、国家革新の熱病に浮かされた統制派の永田鉄山と満州組の石原莞爾が満州に傀儡国家を建設し、それを足がかりに、日本を改造しようとするもの」

と批判して、満州事変を満州域内で終息させるべく収拾に当たった。

しかし関東軍は、犬養毅内閣が発足した直後のどさくさに紛れて同年十二月二十八日に錦州へ地上進攻し、昭和七年（一九三二年）一月三日に完全占領した。

すると昭和天皇はその五日後、関東軍に、

「満州において事変の勃発するや、自衛の必要上、関東軍の将兵は、果断神速、寡《か》よく衆を制し、速やかにこれを芟討《さんとう》せり。（中略）朕、深くその忠烈を嘉《よみ》す。汝ら将兵、ますます堅忍自重して、もって東洋平和の基礎を確立し、朕が信倚《しんい》に対《こた》えんことを期せよ」

との賞詞を下した。

この賞詞に力を得た関東軍は破竹の進撃を続け、二月五日、ついに北満の要衝ハルビンを占領する。するとこれを見た東三省治安維持会委員長の張景恵が、清朝最後の皇帝溥儀を国家元首とする満州国の建国に動くのである。

張景恵は現在の遼寧省鞍山市に生まれ、武装自衛団を組織して頭目におさまっていたが、張作霖に投降して舎弟となり、さらに義兄弟となった。以来、張作霖の片腕として行動をともにし、張作霖が爆死した際には同じ列車に乗っていた彼も重傷を負う。

その後、張作霖の後継を巡って前述のとおり長男張学良と奉天軍総参謀長楊宇霆が対立を深め、楊宇霆が張学良に暗殺されると、楊宇霆派に属していた張景恵は身の危険を感じて張学良と袂を分かち、時節の到来を待った。

ちなみに、満州建国に尽力して昭和十年には国務総理大臣の椅子に座った張景恵は、人情味あふれる人物だったといわれ、部下の報告には必ず「好《ハオ》（よろしい）」と答えたことから「好好先生」との渾名が付けられ、慕われていた。ただ文盲だったとされ、文化的素養も乏しい、と見られていた。

昭和七年二月十五日、張景恵ら奉天・吉林・黒竜江省の要人たちが本庄関東軍司令官を訪れ、満州独立に関する協議を始め、同月十八日に「東北三省は中華民国より完全に独立せり」と発表、三月一日、満州国の建国を正式に宣言した。首都には長春（新京と改称）が選ばれ、国旗は五族（日・満・漢・蒙・韓）協和を象徴する新五色旗を採用、国歌（大満州建国歌）は山田耕筰が作曲した。

石原は満州国が建国されるや数々の越権、下剋上などの行ないを深く反省し、本庄司令官に辞表を提出した。だが辞職は認められず同年八月の異動で、同期生のトップを切って大佐に昇進のうえ、内地に帰還することになった。板垣もまた、異例の速さで少将に栄進した（石原はこののちジュネーブに派遣され帰国後、仙台第四連隊長となり、昭和十二年三月一日、参謀本部作戦部長の重職に就く）。

満州国の国づくり

満州建国とは、ソ連の軍事膨張に対する防共国家建設であるとともに、中世社会であり漢民族が「化外の地」「荒蕪の地」と呼んだ未開地を、日本人の手によって近世を経ずに近代へ一足飛びに移行させて近代国家に作り上げるという、壮大な実験でもあった。

満州開発の立役者は南満州鉄道の総裁後藤新平である。鉄道経営は経営学的に見て案外に難しいものであるということは、前に述べた。人口密集地は居住者立退き費用がかさむので鉄道は過疎地にしか敷設できないが、過疎地を走る鉄道には乗客がいないから赤字路線になりがちである。そこで後藤は過疎地を走る南満州鉄道の付属地にホテル・学校・百貨店・映画館・病院などを建てる都市開発や鉄道沿線の資源開発なども行なった。そして日本が生んだ至高のシンクタンクとされる満鉄調査部（南満州鉄道の調査部門）のエコノミスト宮崎正義が中心となって、ソ連の五カ年計画を参考にして、日本的経営システムの根幹をなす「日本株式会社」（宮崎によるグランドデザイン）を創案して、満州開発の基本計画を策定した。

ちなみに宮崎正義は大正六年に満鉄へ入社後、参事に昇進した昭和五年に石原莞爾と出会うや石原に惚れ込み、石原のブレーンになる（石原は宮崎を「先生」と呼んだという）。また敗戦後、宮崎の経済的手法は日本の戦後復興と高度成長をもたらすこととなり、若きエコノミストたちの手本となった。

満州開発の基本計画は昭和八年（一九三三年）に満鉄調査部が作成した満州国経済建設綱要に基づき、

「無統制な資本主義経済の弊害に鑑み、国家的統制を加え、資本の効果を活用する」

という修正資本主義による計画経済を採った。当時、世界恐慌が猛威を振るうなか、経済発展の成果を挙げるために既存の大財閥を排除し、ソ連の五カ年計画のような計画経済による重工業の発展を目指したのだ。経済産業計画の策定は現状を精確に認識したうえ、到達点の理想形を描いて、緻密に計算された計数的なプロセスをたどる地道な作業である。近代化を成し遂げたこの「国づくりのかたち」は、のちに「満州モデル」と呼ばれるようになる。

満州モデル

満州国の経済建設は三期に大別され、第一期は昭和八年から昭和十一年、第二期は昭和十二年から昭和十六年、第三期は昭和十七年から昭和二十年である。

第一期は国内の治安維持、国家機構の整備に取り組むほか、正常な経済活動を行なうために通貨の安定、基礎エネルギー確保、輸送通信事業、都市建設等のインフラ整備を進めた。

通貨の安定については、満州中央銀行（国立銀行）を昭和七年に設立し、通貨の一元化を図った。満州では諸軍閥が勝手に交換価値のない軍票を乱発したために百種類以上の紙幣が使用され、貨幣に対する信頼が乏しかったので、不換紙幣を整理して信用ある通貨を発行したのである。

また満州の産業育成や民生向上に必要な基礎エネルギーを確保するため、昭和九年に電源開発に当たる満州電業（資本金六千万円）を設立して水力発電、火力発電に取り組み、満州平原を流れる松花江に発電と治水を目的とした豊満ダムを昭和十二年に建設着工した。長さ一・一キロ、高さ九十メートルの豊満ダムは当時、アジアで最大級だった。ダム完成後に見学に訪れたフィリピン外相はその雄大さに目を見張り、案内した満州電業の理事長平島敏夫に、「フィリピンはスペインの植民地として三百五十年、アメリカの支配に入って四十年経ったが、彼らはフィリピン人の生活の向上に役立つものは何一つ作らなかった。満州は、建国わずか十年にして、このような建設を成し遂げたのか」

と感嘆の声をあげた、という。

次は鉄道の整備である。南満州鉄道が昭和九年十一月から大連〜ハルビン間を走らせた特急が、「あじあ」である。流線形のパシナ形蒸気機関車が牽引し、最高速度は百三十キロで、当時国内で最速の特急「燕」(最高速度九十五キロ)を遥かに凌ぐ列車だった。これは日本の技術により設計・製作されており、当時の日本の鉄道技術水準の高さを示すものである(「あじあ」の技術は現在の新幹線に継承されている)。さらにこの「あじあ」は冷暖房装置を完備した豪華列車で、食堂車もあり、昭和十年十一月からは白系ロシア人のウエートレスが食堂車に乗務した。

インフラ整備の第二段は、都市の建設である。

まず、清朝建国以前からの古い街で満州の中心的都市だった奉天は、鉄道付属地として満鉄の手で大規模な都市建設が行なわれ、アジア有数の大都市に変貌する。次に満州国は、首都を長春に定め、長春は「新京」と改名され、それまで何もなかったところへ駅や宮殿などを造る大規模な首都建設事業を展開し、広場・幹線道路・公園・緑地帯・上下水道の整備など、世界の大都市にひけをとらない美しい街並みが創り上げられた。新京の人口は昭和七年当時は十三万人だったが、昭和十九年には八十六万人の大都市へ発展する。

首都新京

また、ロシア時代は港湾も街路も未整備で人口は約四万人に過ぎなかった大連でも、貿易都市として発展させるため、満鉄が中心となって港湾施設を拡張し、街路を整備するなどの都市建設が進められた。道路はコールタール塗装とし、日本人建築家の手になる西洋風の建築物が立ち並び、各家庭には水洗トイレが据えられ、市電が走り、大連駅前一帯が整備された。大連は満鉄による都市建設の代表とされ、その人口は太平洋戦争開戦一年前の昭和十五年には六十万人（うち日本人は約二十万人）を越え、アジア有数の貿易港となり、「アカシヤの大連」と呼ばれるようになる。

満州モデル第二期

満州近代化計画の第二期（昭和十二年〜昭和十六年）は、満州国の自立した経済を確立するための産業育成が柱となり、「産業開発五カ年計画」とも別称された。昭和十二年（一九三七年）に総投資額二十五億円でスタートすると、日産コンツェルンが昭和十三年に本社を日本から満州へ移転し、満州重工業開発に改組された。

日産コンツェルンとは、経営危機に陥った久原財閥を鮎川義介が大正九年に継承して昭和三年に日本産業へ改組し、その日本産業を略して「日産」と呼ばれたもので、満州重工業開発は満州国内の重工業・鉱業への持株会社として投資を一元的に管理した。

この満州重工業開発の傘下企業として満州へ進出したのが、満州航空（昭和六年に設立、満州国内や日本との定期便を運行）、昭和製鋼所（昭和八年操業開始、生産高は銑鉄四十七万トン。従業員一万七千人）、同和自動車工業（昭和九年に設立、部品や材料を日本から輸入しトラックと乗用車を現地で組み立て、年間五千台を製造）、満州飛行機製造（昭和十三年設立、陸軍戦闘機「隼」など計二千百九十六機を生産）、満州工作機械（昭和十四年設立、池貝鉄工所の工作機械技術を満州へ移転）などである。

鮎川義介は、かつてアメリカの鉄道王ハリマンが望んだ満州への進出希望に配慮し、アメリカなど諸外国にも投資機会を開放したので、フォードやゼネラルモーターズなどのアメリカ企業や、香港上海銀行やP&Oなどイギリス企業も満州国に進出した。満州国内を走っていた乗用車の半分以上は、フォードやゼネラルモーターズの車だった。

満州近代化計画の第三期は太平洋戦争が勃発した翌昭和十七年から終戦の昭和二十年までで

あったが、日本がアメリカと戦っている間も、満州ではたゆまず国家建設が進められていた。満州国は建国以来、それなりに平穏だったといえる。

さて、産業育成のめどがたったら、次は人材教育である。

満州ではすでに、明治四十三年に設立され日本人と満州人を教育していた旅順工科学堂（四年制の高等専門工業学校）を昭和三年に旅順工科大学へ改組したり、満鉄が明治四十四年に南満医学堂という医学校を創設して日本人と満州人に内地と同水準の医学教育を行なっていたのを、大正十一年に満州医科大学へ改組するなどして教育に力を注いでいたのだが、そこへ、板垣征四郎と石原莞爾の提言により、民族協和の実践を目指す人材養成のため、昭和十三年（一九三八年）、国際色豊かな満州建国大学（学長は張景恵）が開学された。

この大学は全寮制で、官費による運営のため学費が無料のうえ、学生には月五円が支給されるということもあり、一学年の定員が百五十人のところ一万人もの応募者が殺到するほどの人気だった。その難関を突破した日本人、満州人、蒙古人、朝鮮人、ロシア人などの優秀な学生を九期（昭和二十年閉校）まで受け入れ、約千四百人が在籍した。

各国の若者がともに学び、ともに食べ、ともに寝る——これこそ石原莞爾が唱えた五族協和の実践だったのである（同大学には石原の発案により図書館も併設され、内地では禁書扱いだったマルクスや共産主義に関する書物も含め、約十五万冊が配架された）。

満州移民計画

このように満州の近代化は着々と進められていったのだが、それに対して、最悪の政策だったのが、広田弘毅内閣が昭和十一年から推進した「満州移民百万戸計画」である。

「北満の未開墾地へ、二十年間に五百万人を入植させる」

という大風呂敷かつデタラメな計画で、移民用地は「政府が在満地主から買収して、日本人農民に無償で提供する」などとされた。

入植場所が北満州の未開墾地が中心となった理由は、

一、野生の虎も出没する農耕・放牧に適さない不毛の大地で、満州人もほとんど住んでおらず地価が極端に安いため、政府が在満地主から購入する買収費が少なくて済む。

二、ソ満国境に開拓民を置いて、北海道の屯田兵のようにソ連軍に備える。

ためだった。

この農業移民事業について、日本人農民の間では、

「政府の行なうことだから間違いはあるまい。関東軍が守ってくれるはずだ」

と考えて入植する者がいる反面、

「政府の話はどうもうさんくさい」

と感じて入植しない者もいた。

「五百万人の入植」とは竜頭蛇尾の最たるものであって、実際に入植したのは昭和二十年の敗戦までにわずか二十七万人、計画達成率五パーセントという杜撰《ずさん》さだった。

ちなみに、ソ満国境の北満へ昭和七年頃、試験的に先行して入植した開拓民の生活ぶりについて、昭和九年に発売されたレコード「国境の町」（歌手東海林太郎）は次のように歌っている。

〽橇《そり》の鈴さえ　寂しく響く
雪の曠野《こうや》よ　町の灯よ
一つ山越しゃ　他国の星が
凍《こお》りつくよな　国境《くにざかい》

〽行方知らない　さすらい暮らし

空も灰色　また吹雪
想いばかりが　ただただ燃えて
君と逢うのは　いつの日ぞ

昭和二十年八月九日、ソ連軍が満州へ侵攻したとき、入植者二十七万人のうち壮年男子五万人は軍隊に根こそぎ動員されており、開拓村にいた農業移民団員は女性・幼児・少年・少女ら約二十二万人だった。そのうち、虐殺された者と行方不明者が合わせて約八万人、ソ連抑留者が約三万五千人で、日本にたどり着いたのはわずか十万五千人だった。


ソ連通を自負する広田弘毅は極端なほどにソ連を信頼していて、愚かにも、

「ソ連は極めて親日的であるから、ソ連軍が満州に攻め込むことは絶対にあり得ない」

と固く信じていたのだ。

第六章　国際連盟脱退

リットン報告書の真実

満州事変の調査のため国際連盟から派遣されてきたリットン調査団について現在、教科書には、

「リットン調査団は、満州における中国の主権を認め、日本の軍事行動を不当とした。国際連盟がリットン報告書に基づく勧告案を国連総会に提出すると、圧倒的多数で採択された。全権松岡洋右《ようすけ》はこれを不満として退場し、日本は国際連盟から脱退して国際的孤立を深め、やがて太平洋戦争に突入する」

と書かれている。これは間違いとはいえないが、相当バイアスのかかった記述である。まず、リットン報告書から見てみたい。

英米などの列強は関東軍の行動に反発を強め、リットン調査団が昭和七年二月二十九日に東京に到着して犬養毅首相や芳沢謙吉外相や荒木貞夫陸相らと会談し、そののち中国へ渡って蒋介石・汪兆銘や張学良と会談。四月に満州へ入って満州国執政溥儀と会談し、六週間滞在して現地視察のうえ、十月二日に次の報告書を公表した。

一、シナ政府は満州に無関心であり、満州の今日の発展は日本の努力による。

二、不毛の荒野だった満州の人口が増加したのは、日本の満州経営の成果である。シナ政府の権力は微弱で、日本人の権利が保護されていない。
三、日本は満州に、世界の他の地域に類例を見ない多くの特殊権利を持っているから、満州事変は日本の武装軍隊が他国を侵略したという単純な事案ではない。
四、満州事変は正当防衛とは認め得ない。しかし日本人将校等が自衛のために行動していると誤想して自衛活動を行なったという仮説は、排除し得ない。
五、満州国は、日本の文武官の一団が独立を組織したのであり、満州人自身による自発的独立ではなく、在満シナ人は満州政府を支持していない。

そして報告書は結論として、まず中国側の主張を支持して、

一、柳条溝事件及びその後の日本軍の活動は、自衛的行為とはいい難い。
二、満州国は現地住民の自発的な独立とはいい難く、満州国は日本軍に支えられている。

としながらも、日本側へも配慮して、

三、日本が満州に持つ条約上の権益・居住権・商権は尊重されるべきである。
四、連盟や日本は、シナ政府の近代化に貢献する用意がある。

とした。さらに報告書は中国と日本の双方の主張について、

一、シナ側が主張する「満州事変以前の状態へ戻すこと」は、問題解決とならない。
二、日本側が主張する「満州国の承認」は、問題解決とならない。

としていずれも却下。日中両国の紛争解決に向けて、

一、シナ政府の主権下に満州自治政府を樹立し、シナ政府が行政長官を任命する。満州行政長官は、国際連盟が派遣する日本人を中心とする外国人顧問団の指導に従う。
二、満州は非武装地帯とし、国際連盟が指導する特別警察機構が治安の維持を担う。

などの提言を行なったのである。
すなわちリットン報告書は、

「日本の満州における特殊権益を認め、中国が主張する満州事変以前への原状復帰は却下し、国際連盟の管理下に置く自治政府を、日本人を中心とする外国人顧問団が指導する」

という内容だから、イギリス、フランス、イタリアなどの連盟理事国は、

「日本にとって名を捨て実を取る内容だから、日本は満足して受諾するだろう」

と大いに期待したのである。さらに虚心坦懐《きょしんたんかい》に読むなら、リットン報告書は、

「日本の満州における権益を認めるから、イギリスやフランスにも相応の分け前をよこせ」

といっているのである。これは、かつてアメリカ鉄道王ハリマンが「南満州鉄道に出資したい」といったのと同様の主張である。

そもそも日本の主張は、

一、国防上の見地から、ソ連軍と対峙し、モンゴル人民共和国軍に備えたい。

二、世界経済がブロック化へ向かうなか、日本と満州の日満経済ブロックを形成したい。

三、日本人農民が、満州へ入植して開拓に当たりたい。

のだから、満州は満州国でなく、リットン報告書が主張する「国際連盟の管理下に置き、日・英・仏の外国人顧問団が指導する自治政府」のほうが、日本の目的に合致したはずである。

この頃の日本陸軍では皇道派、満州組、統制派の三派が鼎立しており、リットン調査団が面会した陸相荒木貞夫は皇道派のリーダーであった。皇道派はソ連を主要仮想敵国とし、「対ソ戦を想定して、シナ・英米とは協調し不戦を堅持する」との立場を採っている。また満州組は英米への対抗を期すが、「対ソ戦を想定し、シナとは不戦を堅持する」との立場である。とくに満州組のリーダー石原莞爾は日中提携を唱え、「日満支三国協調による東亜連盟の構築」を企図している（統制派も反ソでは一致）。

その意味でリットン報告は、陸軍にとっても、許容範囲内だったといえよう。

松岡洋右の演説

ところが外務省は強硬だった。

日本を国際連盟脱退に導いたのは、外相内田康哉《こうさい》と全権松岡洋右のコンビである。内田康哉は原敬内閣・高橋是清内閣・加藤友三郎内閣において外相（大正七年九月～大正十二年九月）を歴任したのち、南満州鉄道総裁（昭和六年六月十三日～昭和七年七月六日）を務め、そのあと昭和七年七月六日に斎藤実《まこと》内閣の外相として再び入閣、大正後期から昭和初期における日本外交の基本方針を決定した、日本外務省の重鎮である。

内田は南満州鉄道総裁のとき、満州事変が勃発するや事変拡大派となり、その後、斎藤実内閣の外相として満州国承認の方針を打ち出す。

さらに内田は昭和七年八月二十五日の衆議院・第六十三臨時議会で、

「日本国を焦土にしてでも、満州国承認の主張を通すことにおいては、一歩も譲らない」

といい放って、リットン報告書が公表される直前の昭和七年九月十五日に満州国を承認した。

これはかつて外相小村寿太郎がハリマン提案を拒絶したのと同様の、アメリカ・イギリスに対する非妥協的な強硬姿勢である。これでは米英に喧嘩を売ったも同然である。

内田が満州国を承認すると案の定、米英が主導する国際連盟は日本に対し、強硬姿勢に転じる。さらに、連盟総会出席のためジュネーブに到着した松岡洋右がいきなり、

「国際連盟が満州国を承認しないなら、日本は国際連盟を脱退する」

との乱暴な声明を発すると、国際連盟は一段と態度を硬化させた。

十二月八日、松岡は連盟総会で「十字架上の日本」と題する一時間二十分に及ぶ大演説を行なう。その内容は、

「欧米諸国は今日の日本を十字架の磔刑《たっけい》にしようとしているが、イエスが後世になってようやく理解されたように、日本の正当性は必ずや後世に明らかにされるであろう」

というものだった。すると各国代表の多くは、「仏教国の日本がよくキリスト教を理解したなあ。松岡って教養があるなあ。流暢な英語だなあ」と大いに感心して、賛辞の言葉と絶賛の拍手が渦巻いた。

しかし彼らは松岡の宗教話に感銘を受けたに過ぎないのであって、松岡の演説に対しては、

「満州事変・満州建国とは何の関係もない。ただのパローレ（おしゃべり）だ」

と受け止めた。

松岡の演説後、連盟内の別室で、満鉄広報課が作成した「リットン卿一行の満州視察」という映画が上映され、各国代表を含めて約六百人が観賞した。この映画は、日本統治下にあった朝鮮や台湾そして満州に、日本が膨大な国費を投じて大規模開発を行ない、現地住民の生活向上・文化向上に資する日本の姿勢を描いたものだった。

すると日本批判の急先鋒だったチェコ代表のベネシュはこの映画を見て感動し、松岡に、

「なぜこのように日本はきちんと説明をしないのか。日本の外務省は宣伝が不足しているよ」

と話しかけたという。

昭和八年二月二十四日、連盟総会に、リットン報告書よりさらに日本批判色を強めた、次の決議案が提出された。

一、満州国を承認しない。日本軍の行動は自衛とはいえず、日本軍撤兵を勧告する。
二、ただし満州における日本の特殊権益は容認する。

決議案はすぐさま採決され、賛成四十二票、反対一票（日本）、棄権一票の圧倒的多数で可決された（棄権の一票は日本の友好国タイ）。松岡洋右はただちに連盟総会から退場し、三月二十八日、日本は国際連盟に脱退を通告した。

ただ満州国はその後、当時の独立国約六十カ国のうち、ドイツ、イタリア、フィンランド、タイ、クロアチア、スペイン、バチカン、デンマークなど二十カ国が承認、米英の圧力によりドミニカ共和国、エストニア、リトアニアは正式承認しなかったが国書の交換を行ない、国際連盟から除名されていたソ連は満州国を黙認して領事館を設置した。すなわち満州国には、それなりの存在感があったのである。

日本の立場

そもそも国際連盟に対する満州建国についての日本の主張は、次のとおりである。

「日本としては、モンゴル人民共和国を先鋒とするソ連軍の南侵に備えて満州国を建国し、満州人民の福利を向上させ貧困を克服して共産主義の浸透を防ぎ、日本陸軍が満州国を保護することが必要だと考えている。しかるに国際連盟がこのことを理解せず、日本の国防努力を掣肘《せいちゅう》するなら、日本が自衛権保持のため国際連盟を脱退するのは、やむを得ない。

今やソ連は帝政ロシア以上に強大になった。だがワシントン体制・国際連盟はソ連の強大化に目をつぶり、ソ連の脅威に無関心で警戒を欠き、空理空論に夢遊している。

もし不幸にして満州がソ連に占領され、日本がソ連の軍門に下れば、ヨーロッパでソ連と国境を接するポーランド・フィンランド・エストニア・ラトヴィア・リトアニア・ルーマニアなどの国際連盟加盟諸国は、直接、ソ連の軍事的脅威に晒される憂き目に遭うだろう」

つまり満州問題とは、新たなプレーヤーとして登場した共産ソ連の軍事的影響力が蒙古・シナ・満州へ及んできて、日本が国際社会のなかで最初にソ連の軍事的脅威に圧迫された、ということなのである。

このことを国際社会にわかりやすく丁寧に説明して理解を求めることが、外務省の責務であり本来の仕事である。国際社会が理解するか否かは相手次第だが、そうであっても外務省には、国際社会に対して説明責任を果たし、それを記録にとどめておく義務がある。

しかるに外務省はその義務を怠り、全権松岡洋右は共産ソ連の軍事膨張を脅威とする日本の立場と、ソ連の軍事膨張を想定外とするワシントン体制の欠陥を説明することなく、

「満州国承認を受け入れられないなら国際連盟を脱退する」

と挑発的な発言を行なって、挙句の果て、世界を敵にまわしてしまったのである。

こうした松岡の感情的で短兵急な言動を、かつてワシントン体制を遵守《じゅんしゅ》して四個師団を廃止した陸軍大将宇垣一成は、

「軍部の短見者《たんけん》流の横車に引き摺《ず》られ、青年将校でも述べそうな事を、お先棒となって高唱し、なんら策も術もなく、押しの一点張り。無策外交の極致」（『宇垣日記』）

と酷評した。

日米融和を模索した近衛文麿

また貴族院副議長の近衛文麿は、こうした外務省の問答無用の高圧的な姿勢について昭和八年二月、

「満州事変以来、満州における日本の行動は国際連盟においてしばしば問題にされ、日本は世界の法廷において世界平和の名により裁かれる被告の立場に置かれた感がある。われわれは、日本の行動が国家の生存上必要欠くべからざる所以《ゆえん》を説明するとともに、真の世界平和はいかにして達成し得るかについて我々の所信を率直に述べて、欧米の平和論者の考慮を求むべきであ

る」(『世界の現状を改造せよ』)

と書いた。このように近衛は、満州事変を是認したうえで、外務省が日本の立場を説明すべきである、と述べているのだ。

かつて近衛は、パリ講和会議終了後の大正九年に前述の『戦後欧米見聞録』を著《あらわ》したとき、欧米各国を見聞した体験を、

「アメリカ人気質は、快活にして天馬空を馳《は》せるがごときで、アメリカ社会は活気躍動している。時間利用の機能性、迅速性、改良工夫の進歩性、組織性、系統性、男女同権など日本人は、アメリカから学ぶべき点が多い」

と記し、親米路線を鮮明にしていた。

昭和八年六月に貴族院議長に就任した近衛は、自らの手でアメリカとの外交パイプを修復しようとし、満州建国二年後の昭和九年五月十七日、アメリカへ出発する。

アメリカに着いた近衛は六月一日にスタンフォード大学で講演し、その後、フーバー前大統領を表敬訪問、六月八日にはホワイトハウスの午餐会に招かれてルーズベルト大統領やハル国務長官らと懇談した。そして六月十六日の朝日新聞に「ワシントン印象記」なる一文を寄稿して、

「アメリカは満州問題を静観しており、日本の手が支那へ伸びることを警戒してる」

と、アメリカの現状を日本国民に知らせた。

この近衛の滞米は約五十日におよび、帰国したのは八月一日だった。

満州建国を理解したアメリカ人

敗戦後、東京裁判の主席検事キーナンは若槻、宇垣、岡田（啓介）、米内（光政）の四人を接見したとき、

「君らはなぜ満州だけで満足しなかったのか。満州を固めておけば充分やっていけたはずなのに。中国に手を出したのがまずかった。君らはそう思わないか？」

と問うた。マッカーサーの「イエスマン」と呼ばれたキーナンも、日本の満州領有を容認していたのである。

またアメリカ人ジャーナリストのジョージ・ブロンソン・リー（ニューヨーク・ヘラルド紙記者）は昭和十年（一九三五年）に著書『満洲国建国の正当性を弁護する』（原題は『THE CASE FOR MANCHUKUO』）をアメリカで刊行し、

「世界は満州国のことを『傀儡国』だと主張する。しかし満州国の人々は、日本人顧問の友好的な協力を受けることをいとわない。これが傀儡だろうか？　ラテン・アメリカやカリブ海で、

アメリカに威圧されない国がどのくらいあるだろうか？　インドがイギリスの傀儡であることは明らかではないのか？」

さらに、

「一九三一年九月以降に満洲国に起こった状況と、キューバで一八九九年一月から一九〇二年五月二十日までに起きた状況には、顕著な類似性がある。新キューバ政権が成立したのち、キューバ政権の要請により、アメリカは顧問や専門家を新政府の各部局に出向させた。われわれのである。アメリカ人は、自分たちの善意が外国人に疑われたことに怒っていたが、現在の日本もそうなアメリカ人は、アメリカは世界の国々に未曾有のお手本を提供したのだ。日本はそのお手本に倣《なら》った最初の、そして唯一の国なのである」

と主張した。なおキューバで起きた状況というのは、スペインから解放されたキューバに対して、アメリカがなかなか独立を許さず、数々の干渉を行なったことを指している。

外務省の大罪

ところで、第二次世界大戦と太平洋戦争が同時に発生したように考えている日本人が案外多いが、第二次世界大戦は太平洋戦争の二年前に発生している。

第二次世界大戦は、ドイツの軍事的膨張と、ソ連の軍事的膨張によって開始された。まずドイツ軍が昭和十四年（一九三九年）九月一日にポーランドへ侵攻すると、イギリス・フランスが九月三日にドイツに宣戦布告し、第二次世界大戦が勃発する。するとソ連軍は、独ソ不可侵条約（同年八月二十三日締結）を背景として九月十七日にポーランドへ侵攻し、ポーランドは独ソ両国により分割される。さらにソ連は十一月三十日にフィンランドへ侵攻（冬戦争）し、翌年三月にカレリア地峡など国境地帯を割譲させる。そしてソ連軍は同年六月、バルト三国（エストニア・ラトビア・リトアニア）を占領し、同月、ルーマニアに最後通牒を発して、ベッサラビアを割譲させる。

すなわち日本が昭和七年に危惧した、

「ソ連と国境を接するポーランド、フィンランド、バルト三国、ルーマニアなど国際連盟加盟諸国は、ソ連の軍事的脅威に晒されるだろう」

との懸念が、七年後の昭和十四年になって、現実のものとなったのである。

だから外務省は、ソ連がポーランド、フィンランド、バルト三国、ルーマニアを侵略したこのときに、

「だからいわんこっちゃないよ。日本を悪者にしやがって。あのときいったでしょ。共産ソ連は侵略国家なんだよ。君らは自国が侵略されるまで気付かなかったのかね。今頃になって気付

くなんて遅すぎるし、手遅れだよ」

というべきだったのだ。しかるに外務省はこのときも何ひとつ発信せず、だんまりを決め込んだ。恐らく将来においても外務省は、説明責任を果たさないだろう。だから現在の国際社会も、

「昭和前期の日本は悪しき侵略国家だった」

と誤解したままなのである。

外務省のこの罪業は重い。

恐るべしスターリン

レーニンの死後、ソ連の全権力を握ったスターリンは、ソ連が反共色の強い資本主義国から包囲攻撃される事態を警戒して、

一、資本主義国である米英仏日独を互いに戦わせて共倒れにさせ、ソ連への脅威を漸減《ぜんげん》させる。

二、ソ連と隣接するドイツを米英仏に打倒させ、ソ連の安寧を図る。

三、日本をシナと戦わせ、さらに米英と戦わせる。

との戦略を描いていた。

スターリンは昭和十年（一九三五年）七月二十五日からモスクワで開催されたコミンテルン大会でこれを具体化し、主たる攻撃目標をドイツ、日本、ポーランドの三カ国に絞った。そしてこの三カ国の打倒には、

一、資本主義国陣営を「アメリカ・イギリス・フランス」対「日本・ドイツ」に分断し、ソ連はアメリカ・イギリス・フランスと組んで、日本とドイツを撃滅する。

二、ポーランドは、武力により占領する。

との基本戦略を定めた。

スターリンは傘下である各国の共産党に、

「日本とドイツを攻撃目標とする」

よう指令、中国共産党には、日本を打倒するため、

「中国共産党を攻撃している蒋介石軍と和解し、抗日統一戦線を結成する」

よう求めた。中国共産党はこの方針に従い、昭和十年（一九三五年）八月一日、抗日救国宣言（八・一宣言）を発表して国共内戦停止を呼びかけ、昭和十一年（一九三六年）五月、学生・知識人・労働者など広範な階級層による「抗日統一戦線」を結成した（これが一年後の盧溝橋事件を招く）。すなわちスターリンは自国の安全を図る目的で、日本と中国を戦わせたのだ。

アメリカの外交官でソ連専門家のG・ケナンは、

「スターリンは天性の陰謀の大家であった。彼は敵を分裂させて相互に戦わせ、敵が力を消耗したところで滅ぼした。反共の日本と本来反共だったはずの蒋介石を戦わせた支那事変（日中戦争）が良い例である」（『レーニン、スターリンと西方世界』）

と述べている。

第二次世界大戦前、ソ連の保護国はモンゴルだけだった。しかし第二次世界大戦後、十三の共産主義国家が誕生し、世界の人口の三分の一が共産化した。つまり第二次世界大戦の最大の勝利者は、ソ連のスターリンなのである。

さらに、かつて東アジアにおけるソ連の勢力圏はソ満国境のアムール川付近までだったが、第二次世界大戦と朝鮮戦争を挟んで、それは北緯三十八度線まで拡張した。

日中戦争は、こうした世界史的な観点から読み解かねばならない。

ちなみに、満州事変（昭和六年）から日中戦争（昭和十二年）を経て太平洋戦争敗戦（昭和二十年）に至る十四年間におよぶ戦争を「十五年戦争」と呼ぶ考え方がある。しかし、

一、満州事変・満州建国とは、ソ連軍の南侵を阻止すべく石原莞爾が主導して満州に防共国防国家を建設する目的で、ソ連を仮想敵国として行なったものであり、

二、盧溝橋事件から始まる日中戦争とは、共産ソ連・スターリンが、日本陸軍の矛先をソ連からシナへ転じさせる目的で仕組み、日本と蒋介石を戦わせたものであって、

和平協定に臨む日中両軍（左側が日本軍）

両者はまったく別物である。別物をつなぎ合わせて十五年戦争とするのは不適切である。

満州事変は昭和六年九月十八日に始まり、昭和八年五月三十一日に塘沽《タンクー》停戦協定が調印されて終結した。

昭和十二年七月七日の盧溝橋事件から始まり、中国大陸を主戦場として主に蒋介石と戦った戦闘は、日中戦争（支那事変）と称される。

さらに昭和十六年十二月八日の真珠湾攻撃から始まる戦いは、太

平洋戦争と称される。

また日中戦争と太平洋戦争を合わせて、昭和十二年七月七日に始まり、中国大陸や太平洋を主戦場として昭和二十年八月十五日に終戦となる戦いは、大東亜戦争とも称される。

すなわち、満州事変と大東亜戦争はまったく別の戦いであり、これをまとめて十五年戦争と称することには、理論的根拠がないのである。

第七章　石原莞爾の失脚

盧溝橋事件

第一次近衛文麿内閣が発足して一ヵ月後の昭和十二年七月七日、盧溝橋事件が勃発する。

日本の支那駐屯軍第三大隊の第八中隊百三十五人が駐屯地の豊台《ブダイ》を出発し、北京近郊の盧溝橋（マルコ・ポーロ橋）近辺に設けられた演習場で七日夕刻から夜間演習を実施したところ、終了間際、盧溝橋の方向から十数発の実弾が撃ち込まれた。このため中隊は盧溝橋後方の一文字山に後退し、さらに後方の西五里店まで退却した。八日午前三時頃、救援に駆けつけた第三大隊五百人が一文字山へ到着すると迫撃砲による猛烈な射撃を受けたので、ただちに反撃して盧溝橋を占領、盧溝橋城内の中国軍を武装解除した。この戦闘の犠牲者は日本軍死傷者約四十名、中国軍死傷者百八十余名である。

八日未明、盧溝橋事件の第一報を受けた参謀本部作戦部長石原莞爾少将は、中国との衝突を避けるべく、

「中国と戦争になれば長期戦となる。中国とは絶対に戦うべきでない」

と強硬に主張（これが東京裁判で戦犯に指定されなかった理由とされる）。これを受けて同日午後六時四十二分、参謀本部は支那駐屯軍司令官の田代中将（病気療養中）へ、

「事件の拡大を防止する為、兵力を行使することを避くべし」

と不拡大を下令。さらに翌九日、支那駐屯軍参謀長橋本群《ぐん》少将に参謀次長電報にて、「事件解決のため、①支那軍の盧溝橋付近からの撤退、②将来に関する保障、③直接責任者の処罰、④支那側の謝罪、を提議し、現地交渉により速やかに妥結するよう」指示した。また陸相杉山元《はじめ》も十一日午前、支那駐屯軍司令官香月清司《きよし》に、「盧溝橋事件ニ就テハ、極力不拡大方針ノ下ニ、現地解決ヲ計ラレタシ」

と指示した。

一方、現地では事態を憂慮した北京特務機関長松井太久郎大佐が停戦に尽力し、九日午後、日本軍をひとまず豊台へ帰隊させた。さらに松井大佐は参謀本部の不拡大指示に従い、十一日午後八時、現地で支那軍第二十九軍副司令秦徳純と「抗日団体取り締まり」を柱とする停戦協定を締結し、

一、冀察《きさつ》政務委員会（蔣介石が華北に樹立した地方政権）は、責任者を処罰し、日本に遺憾の意を表明する。

二、第二十九軍（蔣介石軍）は盧溝橋から撤兵し、治安維持はシナの保安隊（武装警察隊）に任せる。

三、抗日団体の取り締まりの徹底。

を約させた。盧溝橋事件はこれにて一件落着となった、かに見えた。

七・八通電

ところが事件発生の翌日、中国共産党が根拠地の延安から「局地解決反対、全民族の結束を訴える」との、いわゆる七・八通電を全土に発し、対日即時開戦を呼びかけたのだ。

さらに七月十一日、共産党の周恩来は蒋介石に、

「蒋介石政府が開戦を決意さえすれば、中国共産党は抗日の第一線に進出する」

と声明。そして七月十五日、中国共産党は「抗日戦を実行せよ」と題する論文を発表し、

「日本の戦力は恐るるに足らず、抗日戦は持久戦となるが、最後の勝利は中国人民にあり」

と徹底抗戦を呼びかけたのである。

蒋介石はこの七・八通電を受けた翌七月九日、中国共産党の呼びかけに応えて四個師団約六万を北上させた。すると参謀本部はこれを重大視し、七月十日、主戦派の武藤章作戦課長が不拡大派の石原莞爾作戦部長を押し切って、

「関東軍、朝鮮軍、および三個師団を動員すべし」

との派兵案を策定して七月十一日の閣議に提出、了承させた。

これに対して石原は紛争の拡大を憂慮し、七月十八日、陸相杉山元と陸軍次官梅津美治郎に、

「このまま戦争に突入すれば全面戦争となり、ナポレオンのロシア遠征と同様、底無し沼に嵌《は》まる。この際、思い切って、華北の日本軍を満州と中国の国境である山海関まで引き下げる。そのうえで、近衛首相が南京へ飛び、蔣介石と膝詰めで、日中和平を協議すべき」

と強く申し入れた。

ところが蔣介石は七月十九日、廬山《ろざん》で中国国民に向けて、

「われわれは、最後の関頭に臨んだ。全民族の生命をかけて、万悪の日本軍と戦う」

と徹底抗戦を宣言、これを受けて近衛は石原に、

「今回の南京行きは見合わせる」

と連絡、日中首脳会談は立ち消えとなった。

石原はこのとき、

「皇恩を辱《はずかし》うして、この危機に際して優柔不断とは、将来日本を亡ぼすのは近衛である」

と激怒した。

現地では支那軍第二十九軍軍長の宋哲元が日本に妥協的な態度を示し、七月十八日、支那駐

屯軍司令官香月清司を訪ねて盧溝橋事件に遺憾の意を表明し、「抗日団体の取り締まり」を約した。

この宋哲元の抗日団体取り締まりについては、支那駐屯軍参謀長橋本群から参謀本部への七月二十一日付電報と、七月二十一日に現地から帰国した参謀本部総務部長中島鉄蔵少将と陸軍省軍務課長柴山兼四郎大佐により、

「第二十九軍軍長宋哲元は、抗日団体取り締まりの協定細目を実行しつつあり。内地三個師団の北支派兵の必要なし」

と報告された。

そこで不拡大派の石原作戦部長が七月二十二日、拡大派の武藤作戦課長を、

「貴様が辞めるか、俺が辞めるか、どちらかだッ」

と怒鳴りつけ、派兵準備中の内地三個師団の華北派兵を中止させたのである。

だが中国共産党は七月二十三日、第二次宣言として、

一、松井太久郎・秦徳純による七月十一日停戦協定を破棄する。

二、第二十九軍に援軍を増派し、全国の軍隊を総動員して、抗日戦を実行する。

三、民衆を大規模に動員・組織・武装して、抗日統一戦線を組織する。

四、日本との和平を停止して日本人の全財産を没収し、日本大使館を封鎖する。
五、政治機構を改革し、政府内部の親日派を粛清する。
六、国民政府（蒋介石政府）と中国共産党の親密合作を実現する。
七、国防経済と国防教育を実行する。
八、米・英・仏・ソと、抗日に有利な協定を締結する。

の八項目提案を発表し、停戦反対を呼びかけたのである。
すると二日後の七月二十五日、北京〜天津間の廊坊駅で軍用電話線を修理していた日本兵が中国兵から小銃・機関銃・迫撃砲で襲撃される「廊坊事件」が発生し、日本側に戦死者四名の犠牲が生じた。

またその翌日には、日本軍一個大隊が北京の在留邦人保護のため中国軍の事前了解を得て、北京城内へ向かうべくトラック二十七台を連ねて広安門から北京城内へ入城しようとしたところ、突如、門が閉められ、城壁上の中国兵から機関銃の猛射と手榴弾の投擲を浴びせられる「広安門事件」が発生し、日本側に死傷者十九名が生じる。これらにより日中間はいよいよ風雲急を告げる情勢となった。

ちなみに盧溝橋事件が発生したとき、参謀本部情報部ロシア課長笠原幸雄大佐は、「支那の情勢は、共産党という視点から見なければ、正しい認識に至らない。コミンテルンの動向を分析すれば、『盧溝橋事件はコミンテルンの戦略に基づく中国共産党の仕業』と見ざるを得ない。日本軍が盧溝橋事件の挑発に乗って支那軍と武力衝突に入れば、日本軍の背後からソ連軍が襲いかかって来る危険性が高い。従って、支那事変は不拡大に努め、早期に終結させるべき」（『日中和平工作の記録』）

と述べた。すなわち参謀本部情報部ロシア課は、

「スターリンが、コミンテルン支部である中国共産党に盧溝橋事件を起こさせた」

と見ていたのである。

盧溝橋事件が上海へ飛び火

このようななか、近衛内閣の外相広田弘毅は元上海領事の船津辰一郎を上海へ送って和平工作に着手させた。八月七日に上海に着いた船津は九日、早くも中華民国外交部亜州（アジア）局長の高宗武と会見し、和平交渉そのものは順調に進むかに見えた。ところが同日、日中和平の努力をあざ笑うように上海で「大山事件」が発生し、和平交渉は頓挫してしまう。

当時、華中にいた在留邦人の数は上海に三万人、青島に二万人、重慶・宜昌《ぎしょう》・紗市《さし》・漢口などの揚子江沿岸に三万人の、計八万人であった。七月七日に盧溝橋事件が発生すると、軍による在留邦人保護の方策が課題となり、検討の結果、

一、上海の在留邦人三万人、青島の在留邦人二万人は日本軍が守る（現地保護）。
二、重慶・宜昌・紗市・漢口など揚子江沿岸の在留邦人三万人は帰国。

との方針を決定。重慶など揚子江沿岸の在留邦人は八月七日までに引き揚げを完了した。

その二日後の八月九日に上海で、海軍陸戦隊中隊長大山勇夫中尉・斎藤要蔵一等水兵が自動車で移動中、中国保安隊から機関銃の猛射を浴びて射殺される「大山事件」が起きたのである。大山中尉は武器を携帯していなかったにもかかわらず十八カ所の銃創・刀創を受け、青龍刀で頭を真二つに割られ、内臓も露出していた。

このとき上海に駐屯していた海軍陸戦隊はわずか二千五百人。しかも中隊長が惨殺されたとなると、海軍陸戦隊のみで上海在留邦人三万人の生命・財産を保護することは不可能である。しかも上海には在留邦人のほか豊田織機や内外綿といった企業で働く従業員が多数いた。

そこで狼狽《ろうばい》した日本海軍は八月十日、巡洋艦四隻と駆逐艦十六隻、および海軍陸戦隊二千五

百人を上海へ急派するとともに、海相米内光政が陸軍に援軍の派兵を要請した。

石原莞爾の上海撤退論

しかし陸軍参謀本部作戦部長石原莞爾少将は、海軍の陸軍派兵要請に対して、

「上海派兵に反対である。上海へ派兵すれば、中国との全面戦争になるのは火を見るより明らかだ。上海の蒋介石軍はファルケンハウゼン中将らドイツ軍事顧問団の指導を受け、ドイツ製の武器を装備して強化されている。そもそも日本陸軍は上海方面での作戦を検討したことがないではないか」

と猛反対した。これに対して拡大派の武藤章大佐は、

「上海の在留邦人を保護せず、上海の在留邦人を中国兵の蹂躙に委《ゆだ》ねるなど言語道断」

と陸軍派兵を主張した。

この論争を純軍事的に考えれば、石原の判断が正しい。だが陸軍が上海へ派兵しなければ、上海の日本人は資産を捨てて日本へ引き揚げない限り、安全が確保されない。要するに上海在留邦人は人質に取られているのである。

結局、陸軍は在留邦人を保護するために上海への派兵を決定するのだが、このとき、石原の

いうように、

「中国共産党や抗日分子の挑発に乗らず、上海在留邦人を日本へ引き揚げさせて、陸軍部隊を派兵しない」

という選択肢も有り得た、というより、ここが、日本の運命の分岐点だったのだ。軍務局の佐藤賢了中佐によれば、派兵決定後、石原は参謀本部員らに対して、

「上海の在留邦人が危険なら、全員引き揚げたらよいッ。損害は一億円でも、二億円でも、補償してやればよいッ、戦争するより安くつくッ」

と怒鳴ったという（佐藤賢了著『東条英機と太平洋戦争』）。


八月十三日午後九時、突如、蒋介石軍約五万が上海の日本海軍陸戦隊を攻撃、第二次上海事変が勃発する。中国兵はドイツ製鉄帽を被り、ドイツ製モーゼルM九八歩兵銃を装備して、たび重なる夜襲を敢行、十四日には蒋介石軍の空軍が日本海軍陸戦隊本部を爆撃、日本海軍陸戦隊五千人はたちまち全滅の危機に瀕した。

かかる事態を受けて近衛内閣は前述の海軍の要請を容れ、八月十四日深夜の閣議で、陸軍の派兵を決定した。翌十五日には日本海軍航空隊が、前々日の中国空軍の爆撃への報復のため、南京・南昌の蒋介石軍の空軍基地へ渡洋爆撃を敢行した。そして同日、近衛内閣はついに、

「支那の不法暴虐は至らざるなく、在留邦人の生命財産が危殆に陥るに及び隠忍の限度に達す。支那軍の暴戻を膺懲するため、今や断乎たる措置をとる」

との暴支膺懲声明を発表するのである。

石原莞爾失脚

八月十八日、昭和天皇は陸軍参謀総長閑院宮載仁《ことひと》親王、および海軍軍令部総長伏見宮博恭《ひろやす》王を招き、

「戦局漸次《ぜんじ》拡大し、上海の事態も重大となれるが、青島も不穏の形勢にある由。かくの如く諸方に兵を用ふとも、戦局は長引くのみなり。重点に兵を集め、（支那軍に）大打撃を加えたるうえ、和平に導き、速やかに時局を収拾する方策なきや」（戦史叢書『支那事変陸軍作戦』）

と発言した（これがその後の南京攻略、徐州作戦、武漢三鎮攻略、重慶爆撃などにつながっていく）。昭和天皇はこのときの発言について敗戦後、

「そのうち事件は上海に飛火した。近衛は不拡大方針を主張していたが、私は上海に飛火した以上、拡大防止は困難と思った。当時、上海の陸軍兵力は甚だ手薄であった。ソ連を怖れて兵力を上海に割くことを嫌っていたのだ。陸軍が上海に二個師団しか出さぬのは、石原が止めて

いたそうだ。二個師団の兵力では上海は悲惨な目に遭うと思ったので、私はさかんに兵力の増加を督促したが、石原はソ連を怖れて満足な兵力を送らなかった」（『昭和天皇独白録』）

と述べ、石原の事変不拡大方針を批判している。

上海派遣軍二個師団は、蒋介石軍五万人の攻撃で全滅の危機に瀕する海軍陸戦隊五千人を救援すべく、八月二十三日に上海北方の揚子江岸から上陸を開始した。しかし蒋介石軍は、ファルケンハウゼン中将らドイツ軍事顧問団の指導により上陸地点に機雷・水際鉄条網・地雷・機関銃座・砲台を築き、日本将兵の上陸時に銃砲撃を浴びせた。上海派遣軍二個師団は上陸後も、ドイツ軍事顧問団の援助により建築されたコンクリート製トーチカ陣地や、縦横に巡らされたクリーク（水堀）に阻まれ、名古屋第六連隊長倉永辰治大佐が胸部貫通銃創で戦死、高知第四十四連隊（定員三千五百名）は死傷者三千百余を数え、死傷者八十九パーセントの大苦戦に陥り、九月十日、陸軍中央に増援要請を行なった。

石原は九月十日、海軍軍令部第一部長近藤信竹を訪れ、

「上海に兵力をつぎ込んでも戦況打開は困難である。陸軍としては速やかに和平に進みたい」

と述べて海軍が事変不拡大に協力するよう求めたが、拒否される。そして陸軍は、石原の反対にもかかわらず、上海派遣軍の増援要請を受けて九月十一日、三個師団（金沢第九師団・東

京第百一師団・高田第十三師団）の増派を決定した。

事ここに到り石原は不拡大方針を断念、責任を取って九月二十七日に作戦部長を辞任したのである。

陸軍の上海派兵は三個師団増派により計五個師団となったが、九月下旬から十月上旬にかけての上海戦で蒋介石軍のトーチカ陣地やクリークに阻まれ、大損害を出した。そこでさらに第十軍（司令官柳川平助中将）の三個師団（熊本第六師団・久留米第十八師団・宇都宮第百十四師団）八万が増派されて上海の後背にあたる杭州湾へ上陸、十一月九日に、ようやく上海を攻略した。

八月から十一月まで三カ月に及ぶこの上海戦における日本軍死傷者は四万一千人、日露戦争における旅順攻略戦の死傷者五万九千人と比肩される、大苦戦だったのである。

（石原莞爾はその後、京都第十六師団長を最後に待命となり、日米戦争に参戦することなく敗戦を迎える）

終章　酒田臨時法廷

山形における東京裁判

昭和二十二年（一九四七年）五月一日、山形県酒田市の酒田市商工会議所はものものしい雰囲気に包まれていた。東京で開廷されている「極東軍事裁判所」がこの建物に移動して、元陸軍中将の石原莞爾を尋問するというのである（昭和十六年に東条英機によって退役させられた石原は、故郷山形に帰っていた）。

その頃、東京裁判は満州事変の審理に入っていたが、いかなる理由からかGHQが満州事変の首謀者である石原を戦犯にしないよう努めていることに対して疑問の声が挙がっていた。ところが当の石原は悪びれもせず全国を遊説、「戦犯第一号は原爆を投下したトルーマンだ」「もし私が指導していたなら、勝っていた」などと放言し、喝采を浴びていた。結局GHQとしても、体面上、石原を裁判にかけざるを得なくなったのである。

四月三十日、お召し列車を改装した八両編成の特別列車が酒田駅に着いた。一行は、ノースクロフト裁判長（ニュージーランド代表）、ダニガン検事（アメリカ代表）、岡本敏男弁護人ら八十五名におよんだ。このような大勢で一人の人物の証言を得るために臨時法廷が設けられるなど、前代未聞のことである。

五月一日午前九時二十分、二十キロの道のりを弟子たちの引くリヤカーで運ばれてきた病身

開廷を宣するハンレー中尉(中央の後ろ姿が石原莞爾)

の石原は、看護婦を帯同し、戦闘帽姿で出廷した。狭い廷内は判事、検事、弁護人、軍属カメラマン、タイピストで埋まり、石原を一目見ようと廷外には傍聴の人だかりができた。

午前九時三十分、開廷となった。最初に弁護人が質問し、次に検事が尋問した。以下は、二日にわたった応酬のあらましである。

米軍中尉「一九四七年五月一日、酒田商工会議所において、証人石原莞爾を呼び尋問することになったことを宣言する」

裁判長「証人石原は英語を話せるか」

石原「日本語ならチョッピリ話せるね」

(笑い声)

裁判長「静粛にッ、証人、尋問の前に何かいうことはないか」

石原「ある。不思議に堪えないことがある。満州事変の中心はすべて自分である。満州建国立案にしても、錦州爆撃にしても、皆自分である。それなのに自分を戦犯にしないのは腑《ふ》に落ちない……」

裁判長「証人はそんなことをいってはいけない。あなたは戦犯ではない。こちらから尋ねることに対して簡潔に答えればよいのです」

弁護人「石原証人、まず証人に伺いますが、在職中に、張学良の政権の軍備についてご研究になったことがありますか。かいつまんでご説明願います」

石原「張学良の全軍隊は大体二十万ないし二十五万の兵力であります。当時としてはすこぶる優勢なものでありまして、満州に駐在しておった日本軍に比べて遥かに立派な装備を持っておりました。注目すべきことは、当時の関東軍は一機の飛行機を持っていないにもかかわらず、奉天軍は相当持っており、さらには関東軍の全然持っておらなかった戦車隊を持っていたのであります」

弁護人「そのような張学良政権に対して関東軍の作戦計画はどういうものでありましたか」

石原「もしも両軍の間に衝突が始まり……いい換えれば日本軍がシナ軍のために攻撃を受けたならば、断固として、できるだけの兵力をもって奉天の敵軍に攻撃を加えることでありました」

弁護人「その作戦のなかには、飛行場を占領するとかいうことも入っておりましたか」
石原「何らの計画もありませんでした。ただ飛行場に対しても、最初は何らの計画を持っていませんでしたが、昭和六年八月に計画を変えまして撫順《ぶじゅん》（奉天の東方六十キロ）の歩兵中隊をもってこれを奇襲させることにしたのであります。その計画を撫順の隊長（川上精一大尉）に、八月末であったと思いますが、伝えました。しかし伝えたあとに奉天の領事館が日本の外務省に報告したために、軍としては非常に迷惑しました。ところが九月十八日というのは偶然であったので、かの隊長は十八日の事変突発に当たっては狼狽して、飛行場を攻撃せず、非常に遅れてから、甚だ不完全な武装をもってようやく奉天に駆けつけたのであります」
弁護人「その隊長の名前はご承知ですか」
石原「川上……名前は忘れました」
弁護人「今、生存しているかどうか」
石原「存じません」
弁護人「当時、張学良の師団長に王以哲というのがいましたが、証人はお会いになりましたか。日本に対する態度はどうでしたか」
石原「会いました。こちらの師団の参謀長が着任しましたときに、一緒に参ったのであります。私どもは副官の部屋に通されました。その部屋に師団長訓示の、きれいに印刷されたものが壁に貼られてありました。『近来わが国は日本に非常な圧迫を受けているから、われわれは非常な決心をもって、その攻撃を排除しなければならない』という意味でありました」

弁護人「王以哲が関東軍に対して、何か挑戦的態度を取ったというようなことはございませんでしたか」

石原「北大営のすぐ西側にある鉄道に対して、頻繁に妨害行為を行ないました。ちょうど満州事変の始まる一週間前も、北大営の兵隊数名が大きな石を持って夕方、レールの上に上げておったのを、日本の巡査長が発見したのであります。巡査長が一人のシナ兵を捕らえて、近所にあった分遣隊に連れていこうとしますと、ちょうど奉天の西方にある北陵に夕涼みに行っていたシナ兵の一隊が、それを奪い返そうとして、あわや血を見ようとしたのであります。事変後、北大営を日本兵が占領してみると、王以哲の訓示が各部屋に貼られており、また非常に見事な藍色の地に白いシナ文字の抜き出しで『見よ兵営の西側の日本の鉄路を』という伝単（ビラ）を、私どもは見たのであります」

弁護人「王以哲の軍が威嚇的に飛行機を日本側の兵営もしくは居留地の上に飛ばせたことがありませんか」

石原「頻繁に行なわれまして、日本の再三の抗議にもかかわらず、それは中止されなかったのであります」

弁護人「昭和六年の八月ないし九月頃、関東軍の作戦計画について前もって中央と何か打ち合わせがありましたか」
石原「ありません」
弁護人「そうすると、先ほどの撫順中隊の作戦計画の変更とかいったようなものは、関東軍司令官の単独の命令で行なわれたものですか」
石原「もちろんそうであります」
弁護人「柳条溝で事変が起こってから、中央より善後処置についての方針に対する指示がありましたか」
石原「ありました」
弁護人「その方針と関東軍の司令官の意図は、一致しておりましたか」
石原「一致しておりました」
弁護人「どういう意味で一致しておりましたか」
石原「軍事行動を極力拡大しない、ということであります」
弁護人「司令官の意図と中央の方針が一致しているにもかかわらず、結果において拡大という現象が起こったことを、証人はご承知でありましょうか」
石原「残念ながら、一致しない点が、非常に多かったのであります」

裁判長「弁護人、ほかに質問はありませんか」
弁護人「昭和十三年一月頃、証人は近衛首相と会見されたことがありますか」
石原「あります」
弁護人「そのとき、シナ問題について、何かお話がありましたか」
石原「意見を問われまして、長々しく私から話をしました」
弁護人「近衛首相から板垣大将を陸相として採用することについて、何か話がありましたか」
石原「ありません」
弁護人「当時、板垣が平田幸弘会津若松連隊長や島本正一守備隊長を指導したということを証人はご承知ですか」
石原「事変が勃発したときに、その三人が共同動作をしたことは知っております」
弁護人「板垣は平田、島本に対して何か命令する権限はありましたか」
石原「ありません」
弁護人「しからば九月十八日の前後に、板垣の取った措置は軍司令官の命を体してなされたものでありますか」
石原「そうであります。板垣大佐は日露戦争での殊勲甲の勇士であり、最も立派な軍人でありますが、恐らく板垣大佐の指導を待たずして平田大佐も島本中佐も攻撃を決心しておったであろうと思います。それで私は、優秀な隊長がおったために、指導などということではなく、両者の呼吸が一体になって、あのことが行なわれたのだろう、と信じております」

裁判長「弁護人、証言が質問の範囲外に延びている」

（弁護人の質問はここで終わった）

検事「あなたは内地の新聞を読んでいましたか」

石原「毎日見ておりました」

検事「日本の軍備あるいはそれに類似した事柄を、内地の新聞は取り上げておりましたか」

石原「軍備は書けないことが原則であります」

検事「新聞を通じて、陸軍力あるいは海軍力を世界各国のそれと比較して、いかなるものであったか、知っておられたか」

石原「一応知っておりました」

検事「日本の海軍力はいかなるものでありましたか」

石原「当時は英米の六割の主力艦と、約七割の補助艦を持つことができたのであります」

検事「それでは日本は世界の一大海軍国であったということができますな」

石原「もちろんです」

検事「それでは当時の日本は一大陸軍国であったということができますか」

石原「中陸軍国でしょうな」
（笑い声）
検事「シナの海軍力に関して、何らかの知識を得られましたか」
石原「極めて貧弱なものでありました」
検事「あなたの意見を聞きたいが、蒋介石が張学良の忠誠について何らかの疑いを抱いておったならば、彼を東北軍の副司令官に任命したでしょうか」
石原「張学良を武力で排除できない限りは巧みに利用したでしょう。蒋介石は中国共産党を絶対に信頼しません。中国人の忠誠というものはあまり信頼できないものです」
弁護人「今、東北軍の副司令官という言葉がありましたが、正しくは国民党軍の副司令官です。誤解なきよう」
裁判長「弁護人、かかる際にさようなことを述べるべきではありません。あとでやってください。検事、続けてください」
検事「張学良が国民党軍の副司令官に任ぜられたとき、蒋介石は彼の忠誠に疑いを挟んだでしょうか」
石原「信用していなかったと想像します」
検事「張学良の排日行為に関東軍はいかなる処置を取られましたか」

石原「特別な処置は取りません」
検事「全然、取りませんか」
石原「取りません」
検事「この排日行為とは、いかなるものでありましたか」
石原「例えば、万宝山事件です。ちょっと失言がありました。中村大尉事件だけは軍でこれを調査いたしました」
検事「証人、私は中村大尉事件に関しては質問を発しておりません」
石原「どういう組織的排日侮日態度があったかと質問されましたから、例を挙げたのであります。万宝山事件、中村大尉事件その他奉天の見物に行った日本の婦女子が奉天城内において、トラックに連れ込まれて非常な侮辱を受けた事件が、その後起きております」
検事「関東軍は第三国であるシナの領土の一部の侵略または攻撃に対して、防御任務を負わされておりましたか」
石原「持っております」
検事「いかなる状況から生まれたものか」
石原「これは日露戦争以来、満州を防衛することは日本の自然の任務になっておったのであります」

検事「私はそういう風に聞いたのではありません。関東軍はシナ領土の一部である満州国を防御するための任務を負わされたことがあったか、と聞いているのです」

石原「負わされた、と答えました。的確にいえば、満州にソ連が入ってきたときに、日本軍が満州に進出するところの援護の任務を受けておったのであります」

検事「関東軍が満州に駐留しておれば、将来ソ連と事ある場合には、有利な地位を占めると思われたのですか」

石原「それは問われることが逆であります。日本は日露戦争の結果満州に駐在権を獲得したのでありまして、その結果、ソ連が満州に入ってきたならば、それに対抗する有利な地位にあったのであります」

検事「しかしながら、日露戦争後、満州に駐在しておった日本軍の唯一の権利は鉄道警備に当たることではなかったのでは」

石原「文字の上の権利は、鉄道の守備と関東州の防衛であります。しかし、もしもソ連が満州に侵攻することがあったならば、日本はそれを迎え撃って戦ったろうということは、これは当時の国際情勢上、世界の常識であったと思います」

裁判長「検事、尋問に戻りなさい」

検事「非常に劣弱な装備の日本軍というのは、いったん事ある場合には、二十倍の奉天軍を衝くだけの武力を備えておったわけですか」

石原「それをやって死中に活を求める以外の作戦は不可能でありました。もとより戦争の勝敗は予想されませんが、訓練よく団結よく、作戦よろしければ、必ずしも兵数の劣弱を恐れるものではありません。例えば今次太平洋戦争において、日本の戦力はアメリカに対して非常に劣弱でありましたけれども、作戦よろしきを得れば、必ずしも敗北するものではなかった、と私は信じております」

裁判長「検事、ほかのことを聞いてください」

検事「九月十八日事変勃発直後に市街を占領するには、どのくらいの期間がかかる予定だったのですか」

石原「それは状況によることで、前もって予測することはできません」

検事「しかしながらあなたは、四十八時間以内に占領したのではありませんか」

石原「武力をもって占領したのは奉天と営口と長春だけです」

検事「重砲二門を備え付けたのは、極秘裏のうちに行なわれたことでありましたか」

石原「極力秘密にいたしました」

検事「重砲二門が備え付けられているのを見つけたのは誰ですか」

石原「それは知りません。シナ側でしょう」

検事「誰か、というのはわかりませんか」
石原「誰かわかりません」
検事「重砲二門を備え付けたと、東京の陸軍中央当局に報告されましたか」
石原「確実な記憶はありません」
検事「誰がこの報告の責任を負うべきですか」
石原「私が責任者です」
検事「あなたは報告をなさいましたか」
石原「はっきりした記憶は持っておりません」
検事「それではあなたの最善の記憶はどうですか。やりましたか。報告しましたか」
石原「思い出せぬものは、最善の努力をしても思い出せません」
検事「重砲二門を装備する命令はどこから出たのですか」
石原「関東軍司令官です」
検事「装備されたことを、誰かに話したことはありますか。板垣氏が入っていますか」
石原「兵器部門に話さなければ動きませんから、そういう関係者には、必要最小限度で話したのであります」
検事「将軍、私は簡単な質問をしたいのであります。この質問に対する答えはイエスまたはノーで答えてください。この重砲について板垣氏と話したことがありますか」
石原「十何年も前のことですから、まあイエスと答えておきましょう」
検事「シナ兵が満鉄線路を爆破したと述べておられる。この爆破によってもたらされた損害の程度を、あなたは自分で調査しましたか。どのくらいの損害があったかその答えをイエス、ノーで答えてください」
石原「日本にはあいにく、被害の程度を表現するのに、イエス、ノーという言葉はないッ」
（笑い声）
検事「私の質問は、すなわちあなた自身で損害を調べたかどうか、ということです」
石原「ノー」
（笑い声）
検事「あなたは先ほど、弁護人の問いに対して、板垣は命令を発する権利を持っておった、また委ねられていた、と答えられましたが」
石原「そうは申しておりません」
検事「板垣が平田に対して命令を出したということを、あなたは否定しますか」
石原「否定します」
検事「先ほどあなたは、平田が勇敢な将校であった、といいましたね」

石原「しかり」

検事「そうして彼らも攻撃を誰かに指示されることはなく、自分でやったであろう、といわれました」

石原「決心したろうと」

検事「その際に、板垣は命令を出す権利を持っておったといわれた」

石原「それはあなたの聞き間違いだ」

裁判長「自分の記憶によれば、証人は明らかに板垣は命令を出す権利はなく、また命令を出さなかった、と述べたと思う」

石原「そうです。もう一度繰り返します。彼は軍司令官の意図を奉じて指導する権能は持っておりましたけど、平田大佐が最も勇敢に攻撃を決心してきたものと私は信じております。すなわち指導する必要なく、両者の考えは一つになっておったものと考えます。私は昭和六年九月十九日の夕方、板垣大佐が本庄司令官に報告するのを聞いておったのであります。そのときの板垣大佐の報告の要領が、私の印象にはっきり残っているのであります。すなわち『自分は司令官閣下のご意図を奉じて、攻撃するように両隊長にいおうと思っておったのですが、両隊長は、こうなった以上すぐ攻撃をしなくちゃならぬ、と考えて独断攻撃をいたしますといっております』という風に、板垣大佐が司令官に報告していたことが、今も強く印象に残っております。司令官はそれに対して、非常に満足のようでした」

検事「そうしますと、あなたはここで板垣が平田に対して指令を与えなかった、と断言できるわけですね」

石原「断言します。私は板垣大佐の報告をじきじきに聞いておりますから、指導する権能を持っておるけれども、それを用いないで、平田、板垣の意見は一致しておりましたから、板垣は権能を使うことなく自分の思うとおりになったのであります。板垣大佐は指導したと自分で思っているかもしれませんが、私の見解からいえば、指導を要しない、よい状況にあったと思っております」

裁判長「検事、本日の質問はそれだけでありますか」

検事「もう一つあります。もし軍司令官がその場に居合わせなかったならば、板垣は軍司令官に代わって命令を発したかもしれない、というのが事実でありますか」

石原「私のいうことを非常に誤解しておられるようですが、軍司令官がいる、いないにかかわらず板垣大佐は、命令を発しておりません」

（午後四時、初日の尋問が終わった。石原は宿舎の「菊水ホテル」に引き揚げた）

その日の夕方、裁判を傍聴していたＵＰ通信記者のピーター・カリシャーとＡＰ通信記者のフランク・ホワイトが通訳を連れて、石原を訪ねてきた。彼らは「満州建国は失敗だったと思うか」と質問した。これに対して石原は、次のように答えた。

「満州国を世間ではいろいろと悪くいうが、しかしその誕生に際しての経緯は、一般にはよく認識されていない。

元来満州というところは、東亜諸民族混在の地で、各民族おのおの言い分があり、民族間の闘争の絶え間がなかったところである。激しいこの闘争と苦悶《くもん》の結果、協和がなくては生存も、繁栄も到底できないことを悟って、民族協和という新道徳が創造され、民族協和のうるわしい理想郷の建設を目指して、満州国は生まれたのである。

満州国は日本軍が武力で勝手につくったように、世間では思っているようだ。当時の日本国内においてさえ、満州国を認めない、占領であるといった思想も多く、一部の人々が独立国の出現に反対したほどであった。またある者は独立国としたのは植民地のカムフラージュだと思い込んだり、日本人自身の満州観が統一されなかった。満州の現地からの見方とは相当の距りがあった。

結果的に見て満州国はついに軍人によって誤られ、今日侵略者のレッテルを貼られているが、建国当時の真意と創意、そして心ある人々の精神は、時局便乗者らの心ない批判と皮相《ひそう》な観察に極論されているきらいがある。満州国の失敗の原因は、非革新的な官僚を計算のなかにいれていなかったことと、中国人の嫌う漢奸（裏切者）を使ったことである。

しかし、内面指導なるものが、非常に誤っていたこともその一つだ。満州でも華北でも至るところ、日本軍政の行なわれていたところは、必ず中国人漢奸の喰い物にされていた。彼らはいかにも日本のためを思い、中国のためを思うかのように振る舞い、甘言をもって軍に取り入り、軍を背景にして私利私欲を図った。

日本軍は中国人の嫌う中国人、中国人を売り物にする漢奸を信用して大事を委せた。中国人から見れば全く笑止の沙汰である。日本および日本軍に対する、不信軽侮の原因もまたそこにあった。

今マッカーサーが日本でやっていることは、日本軍の失敗してきた軍政そのままそのとおり、寸分の違いもない。これで成功すると思ったら大間違いだ」

（裁判二日目）

裁判長「昨日に引き続き、検事の尋問をどうぞ」

検事「将軍、九月十八日の午後から十九日の夕方までの間、板垣がいかなる行動を取っていたか、ということをご存知ではありませんか」

石原「知りません」

検事「板垣は十八日夜、建川美次少将と何を話したのですか」

石原「私はそれは知りませんが、板垣氏が軍司令官に報告するのを聞きました。板垣氏は建川少将に『何のために来られたか』と聞いたところ、建川は『今日はくたびれたから明日にしよう』というので、板垣氏は建川少将とゆっくり酒を呑もうと思って行ったが、呑むこともせずに帰ってきたのでした。板垣氏は以上のような報告を軍司令官にしていました。でありますから、建川の詳しい要務はわれわれにわからなかったのであります」

検事「誰が建川少将を奉天に呼んだのですか」

石原「……建川は当時、参謀本部の部長です」

検事「わずかな敵が日本軍に対して攻撃を加えているという情報を入手しただけで、全力で反撃したのですか」

石原「しかり」

検事「その電報を入手したときに、あなたは自分自身で実際に、敵が日本軍に対して攻撃しているということを確実に確かめられたのですか」

石原「そのことはすでに一度お答えをしました。われわれにとって確かめる必要はなかったのです」

検事「短切に敵中枢の死命を制すべし、これはどういうことですか」

石原「奉天付近の敵に大打撃を与え、かつ奉天政権の中枢である奉天城を占領することであります」
検事「営口の敵を駆逐しなければならないとは、どういう意味ですか」
石原「営口の敵は旅順、奉天間を脅かす最も近い奉天軍の一部であります」
検事「営口の部隊は日本軍を攻撃したか」
石原「攻撃しておりません」
検事「日本軍の兵力は中国軍に対して二十分の一であったというが、それで勝ったのですか」
石原「勝った」
検事「そんな兵力で大鉄槌を下したのですか」
石原「いや、小鉄槌（スモールハンマー）を下した」
（笑い声）
裁判長「あなたは二十倍もの中国軍に勝つ自信があったのか。私には到底無謀な計画のように思えてなりませんが」
石原「もちろん勝算はありました。戦争は数の勝負ではない。大切なのは作戦なのです」
検事「これらのシナとの交戦は、自衛の立場より取られた行動でありますか」
石原「しかり」

検事「攻撃は最大の防御である、という趣旨によってなされたのですか」
石原「そうです。自衛の手段です」
検事「それでは、防御ということを攻撃と解釈いたしますか」
裁判長「証人はこれに対して答える必要はありません。これは議論を吹っかけているようなものです」
検事「質問を改めます。すぐ飛行場を占領したのは、これもやはり自衛の立場からですか」
石原「しかり。戦闘がどこかで始まれば、我に危害を与えるおそれのあるものに対して、同時に対抗しなければならないのであります」
検事「九月十八日夜の（川上中隊による飛行場占領の）演習というのは、九月十八日夜に催されるべきものでありましたか」
石原「それなら、この問題をもう一回、昨日のことを繰り返し申し上げましょうか。たぶん、八月の下旬であったと私は記憶しております。奉天付近で戦争がある場合には、撫順中隊を今までの撫順守備の任務から飛行場急襲の任務に変えることを、新任の本庄司令官から許可されましたので、そのことを川上隊長に内達したのであります。これを受けた川上大尉は、撫順の防備を全く放棄することについて非常に心配し、その善後処置を講ずるためには警察および在郷軍人の活動が必要だと考えて、それらの人と協議しました。そして川上中隊長は九月十八日、自分の隊は奉天に向かって動かなければならないという想定を作り、その想定の下に研究を継続したのであります。協議が終わったあとで、十八日の出動はやらないという通告を出しました。ところが偶然にも、十八日に奉天で事件が起きましたので、川上大尉は大いに狼狽し、そういう場合に当然やらなければならなかった新任務の飛行場の攻撃をやらず、彼自らは甚だ不完全な武装の下に、非常に遅れて奉天に駆けつけたのであります。そうして大隊長からひどいお叱りを受けたのであります」

検事「それでは朝鮮軍に援軍を求めたときに、陸軍中央部にそれを報告いたしましたか」

石原「記憶しておりません」

検事「天皇の裁可を経ておりましたか」

石原「私の作戦計画は奉天城を攻略するまででありまして、奉天を攻略するまでには朝鮮軍の増援が間に合わないものとして、私の計画に含めておりませんでした。朝鮮の軍司令官は裁可なしに、満州に兵を出したのであります」

検事「出兵に関して天皇の裁可がなかったのは事実でありますか」

石原「しかり」

検事「八八式爆撃機（正しくは偵察機）が錦州方面の東北軍に七十五発の爆弾を投下したことを説明してください」

石原「この飛行には私は参加しておりますから、他のことよりも記憶に残っております。七十五発という数はそのとおりであります。説明は長くなることを許してください……」

裁判長「証人に対して向けられた質問は、これらの爆弾が自衛上投下されたのであるかどうかです」

石原「自衛上でした」

裁判長「自衛上必要であったということのみ、説明を加えればよろしい」

石原「錦州の情報によりますと、関内（中国本土）から兵隊がたくさん入ってきて、奉天に侵攻してくるというのであります。どうしてもその実情を知りたいので偵察をしようということになりました。最初は八八式二機だけを使用する予定でしたが、八八式偵察機は軍に配当されたばかりでありまして、操縦士がまだ充分な経験をつんでいないという状況であり、しかもその能率は今日から見れば、ドイツのロンドン空襲や広島・長崎への原爆投下などに比べてもまるで児戯に類するものであります。ところが錦州付近には……」

検事「証人は従来のと現代のとを比較しているように思える」

裁判長「自分もそう思う」

（石原は説明を続ける）

石原「……錦州には相当たくさんの高射砲が整備された、という情報が入りました。それで当時の能力の低い二機の偵察機では不充分だという考えで、十一機を用いることになったのであります。そして、もし敵から射撃を受けたならば、司令部および兵営だけは爆撃せよ、という軍司令官の許可を受けて出発しました。最初、千三百メートルの高度で飛行しておりまして、どうしても見えないものですから、数機はずっと高度を下げて参りますと、市内の兵舎から射撃を受けたのであります。そこで初めてやむなく低空に降りたのが爆撃をし、続いて全機爆撃するようになってしまったのであります」

検事「七十五個といえば相当の数ではありませんか」

石原「一機に五、六個の数です。爆撃を目的としたのではありません」

検事「七十五個落としたのは事実ではないかッ」

裁判長「検事、それは時間の浪費に過ぎない」

検事「あなたは、『軍は現地官民による新国家の政治経済に大なる関心はなかった』と政治、経済という言葉を使っております。これはどういうことですか」

石原「政治は政治であります。普通の政治の意味であります」

検事「これは搾取を意味するものですか」

石原「そんなものを意味するものではないッ」

裁判長「検事、次の質問は」

検事「いや……」

裁判長「将軍、ほかに何かいいたいことはありますか」

(石原は法廷に来ていた板垣征四郎の弁護人の方を向いて)

石原「本庄閣下と板垣閣下は気が弱かった。可愛い部下を思い、決断を下せなかったのです。人間としては人格高潔な至って立派な人たちだった」

裁判長「これをもって出張尋問を終わります。この尋問において取られた速記録は、後日まとめて極東国際軍事裁判所に提出します」

こうして裁判は終わった。

すると検事が証人席の石原のところに歩み寄った。そして手を差し出し、

「ゼネラル、つまらない尋問をしてすみませんでした。協力、ありがとう」

といった。これに対して石原は、

「いや、一向にお役に立たなくて、お気の毒でしたね」

と笑いかけた。

その夜、冷たい雨が降った。

豪華な特別列車は酒田駅を離れた。検事たちは煌々たる明かりを灯した食堂車で杯を挙げ、豪勢なディナーを楽しんだ。

一方石原は、十七歳の弟子が引くリヤカーの上に座り、雨に濡れながら、暗い道を引き返した。

あとがき

ソ連軍が満州へ雪崩を打って侵攻したとき、関東軍には、ほとんど戦力は残っていなかった。関東軍は、太平洋戦争が苛烈になった昭和十八年以降、南方戦線などへ兵力を抽出されてしまったからである。

しかし満州は、終戦一ヵ月前の昭和二十年七月までは平穏だった。

もしわが国がポツダム宣言が発せられた七月二十七日の時点で宣言を受諾して降伏していたなら、ソ連軍の満州への侵攻も広島・長崎への原爆投下もなかっただろう。そして日本が降伏したあとの満州国は、かつて国際連盟が提唱したような、米英仏など戦勝国による共同統治となって、ソ連への防共の役割を果たしながら今日も存在していたかもしれない。

もしそうなっていたら、石原莞爾が唱えた王道楽土・五族協和の理念は、米英仏の手によって実現された、ということになる。

満州国国務総理大臣張景恵は、ソ連軍侵攻により満州国が滅亡したとき、

「日本軍は世界一強かったが、戦争の意味を知らなかった。戦争とは談判の手助けのために行なうものだ。戦争は八分くらいの勝ちで止め、交渉に持ち込むべきものだ。しかるに日本軍は戦争を、個人が名誉をかけて行なう決闘のように考えて途中で止めず、最後まで戦った。かえすがえすも惜しい軍隊をなくした」

と語った。これはクラウゼヴィッツと武田信玄の考えを合わせたような至言である。

クラウゼヴィッツは最も優れたドイツの軍学者で、その著書『戦争論』は哲学的かつ深遠で、なかなか読みづらい古典的名著である。その骨子は、

「戦争とは外交手段によって解決できない国際紛争事案が生じたとき、やむなく最小限の武力を行使して、外交懸案を解決する最後の手段である」

というものである。戦争を政治・外交の一手段、とみているのだ。

また甲斐の名将武田信玄は、

「亡ぶまじき家の亡ぶるを人みな天命と言うが、われは天命とは思はず。仕様の悪しきが故なり。戦いは五分の勝利をもって上とし、七分を中とし、十分をもって下となる。五分は励みを生じ、七分は怠りを生じ、十分はおごりを生ず」

と述べ、完勝を求めてはならない、と諭した。

張景恵は文字を読めなかったともいわれるが、世間の波にもまれ苦労を重ねた実践経験でつ

ちかった直観力により、深遠で哲学的なクラウゼヴィッツや、名将武田信玄と同水準の高い悟達の境地に達していたようだ。

太平洋戦争の結末について前述のブロンソン・リーは、盧溝橋事件（昭和十二年）の二年前に『満洲国の正当性を弁護する』を著し、

「日本の海軍力 sea power が西太平洋で優勢である限り、ロシアがその地域で海軍として復活することは決してない。しかし日本海軍がアメリカ海軍に敗北すれば、我々アメリカは、日本に代わってソ連や中国の海軍と太平洋で対峙するのである。ソ連や中国の海軍の背後には数えきれない流民が控えており、共産主義者は世界支配に向けて前進することを止めない」

と記し、さらに、

「日本は敗戦により粉砕されるかもしれない。そして敗北した日本は、講和条約によって、武装解除されるかもしれない。しかし降伏した敗戦後の日本に武装解除の条項を強制すれば、アメリカには極東にアメリカ艦隊を常駐させる必要と義務が降りかかってくるだろう。そのためにアメリカは、今、所有しているアメリカ艦隊の少なくとも二、三倍の艦隊が必要になるだろう」

と予言していた。ブロンソン・リーは、これまで日本が果たしてきた共産主義者との戦いを、

代わりにアメリカが担わなくてはならなくなると、今から九十年も前に警告していたのだ。

それればかりかブロンソン・リーは中国の将来について同書で、

「中国では腕ずくで政府の手綱を手にする人物が必要なのかもしれない。しかしこれは、西洋の人道の概念が基礎としているあらゆる理想に対する裏切りによってのみ達成される。これは野蛮への回帰である。征服者の手に集中した権力は、競争相手の殲滅へと彼を駆り立てるだろう。中国の征服者は、彼の権力確立のために戦うだろう。中国の富は確実に軍閥とその一族のポケットに流れ込んでいく」

と記した。これは毛沢東のことを指したとも、蒋介石のことを指したとも、九十年経った今でも通じる中国論であるとも、いわれる。

いずれにせよこの精確な予言は、「今日の東アジアの厳しい軍事情勢を見通した」という意味で、燦然と輝いている。ブロンソン・リーの慧眼は驚嘆に値するであろう。


日本の降伏が遅れたことにより、満州国の王道楽土・五族協和の理念が米英仏の手によって継承されるという芽も、まったく摘まれてしまい、開拓村の女性・幼児・少年・少女らがソ連兵に蹂躙される悲惨な結果になってしまった。

それはそうであったにしても、虎さえ出没する農耕にも放牧にも適さない北満の前人未到の不毛の原野に、不屈の努力をもって鍬を振るい、ささやかな収穫をなした開墾の営為は、決して消し去ることのできない歴史の真実なのである。

大群衆に囲まれ演説する晩年の石原莞爾

さて最後に、満州事変について述べておかねばならない。満州国の理論的指導者はいうまでもなく石原莞爾であり、その意味において実質的な責任者は彼であったが、GHQはあえて彼をA級戦犯から外した。もし彼を東京裁判の法廷に登場させたならば、その聡明な頭脳と毒舌によって東京裁判が茶番劇であると暴かれてしまうことを、恐れたからであろう。それに代わって板垣征四郎が満州事変の全責任を負って、絞首刑に処せられたのである。

昭和二十三年十二月、死刑執行を待つ板垣のもとへ、石原は一通の手紙を届けている。その一節を次に紹介しよう。

「板垣閣下、閣下は一足先にあの世へ行ってください。この石原もおっつけ閣下のあとを追ってあの世へまいります。三途《さんず》の川で追いつきましたら、そこから先は不肖この石原莞爾が閣下の道先案内人とし、閣下のお供をしながらあの世へまいります。あの世で懐かしき人々とともに、満州国の思い出を語り合おうではありませんか」

命旦夕《めいたんせき》に迫っていた石原はこの八カ月後、まるで板垣のあとを追うかのように世を去った。

石原莞爾と板垣征四郎、この二人は、天上の彼方で今、何を語り合っているのであろうか。

世界最終戦論——石原莞爾

昭和十五年（一九四〇年）五月二十九日講演
（＊印は編集部による註釈）

決戦戦争と持久戦争

戦争は武力をも直接使用して国家の政策を遂行する行為であります。今アメリカは、ほとんど全艦隊をハワイに集中して日本を脅迫しております。どうも日本は米が足りない、物が足りないと言って弱っているらしい、もうひとおどし、おどせば日支問題も日本側で折れるかも知れぬ、一つ脅迫してやれというのでハワイに大艦隊を集中しているのであります。つまりアメリカは、彼らの対日政策を遂行するために、海軍力を盛んに使っているのでありますが、間接の使用でありますから、まだ戦争ではありません。

戦争の特徴は、わかり切ったことでありますが、武力戦にあるのです。しかしその武力の価値が、それ以外の戦争の手段に対してどれだけの位置を占めるかということによって、戦争に二つの傾向が起きて来るのであります。武力の価値が他の手段にくらべて高いほど戦争は男性的で力強く、太く、短くなるのであります。言い換えれば陽性の戦争――これを私は決戦戦争と命名しております。ところが色々の事情によって、武力の価値がそれ以外の手段、すなわち政治的手段に対して絶対的でなくなる――比較的価値が低くなるに従って戦争は細く長く、女性的に、すなわち陰性の戦争になるのであります。これを持久戦争と言います。

戦争本来の真面目《しんめんぼく》は決戦戦争であるべきですが、持久戦争となる事情については、単一でありません。これがために同じ時代でも、ある場合には決戦戦争が行なわれ、ある場合には持久戦争が行なわれることがあります。しかし両戦争に分かれる最大原因は時代的影響でありまして、軍事上から見た世界歴史は、決戦戦争の時代と持久戦争の時代を交互に現出して参りました。

戦争のこととなりますと、あの喧嘩好きの西洋の方が本場らしいのでございます。殊《こと》に西洋では似た力を持つ強国が多数、隣接しており、且つ戦場の広さも手頃でありますから、決戦・持久両戦争の時代的変遷がよく現われております。日本の戦いは「遠からん者は音にも聞け……」とか何とか言って始める。戦争やらスポーツやら分からぬ。それで私は戦争の歴史を、特に戦争の本場ヨーロッパの歴史で考えて見ようと思います。

古代および中世

古代——ギリシア、ローマの時代は国民皆兵であります。これは必ずしも西洋だけではありません。日本でも支那でも、原始時代は社会事情が大体に於て人間の理想的形態を取っていることが多いらしいのでありまして、戦争も同じことであります。ギリシア、ローマ時代の戦術は極めて整然たる戦術であったのであります。多くの兵が密集して方陣を作り、巧みにそれが進退して敵を圧倒する。今日でもギリシア、ローマ時代の戦術は依然として軍事学に於ける研究の対象たり得るのであります。国民皆兵であり整然たる戦術によって、この時代の戦争は決戦的色彩を帯びておりました。アレキサンダーの戦争、シーザーの戦争などは割合に政治の掣肘を受けないで決戦戦争が行なわれました。

ところがローマ帝国の全盛時代になりますと、国民皆兵の制度が次第に破れて来て傭兵になった。これが原因で決戦戦争的色彩が持久戦争的なものに変化しつつあったのであります。これは歴史的に考えれば、東洋でも同じことであります。お隣りの支那では漢民族の最も盛んであった唐朝の中頃から、国民皆兵の制度が乱れて傭兵に堕落する。その時から漢民族の国家生活としての力が弛緩《しかん》しております。今日まで、その状況がずっと継続しましたが、今次日支事変の中華民国は非常に奮発をして勇敢に戦っております。それでも、まだどうも真の国民皆兵にはなり得ない状況であります。長年文を尊び武を卑しんで来た漢民族の悩みは非常に深刻なものでありますが、この事変を契機としまして何とか昔の漢民族にかえることを私は希望しています。

前にかえりますが、こうして兵制が乱れ政治力が弛緩して参りますと、折角ローマが統一した天下をヤソの坊さんに実質的に征服されたのであります。それが中世であります。中世にはギリシア、ローマ時代に発達した軍事的組織が全部崩壊して、騎士の個人的戦闘になってしまいました。一般文化も中世は見方によって暗黒時代でありますが、軍事的にも同じことであります。

文芸復興期

それが文芸復興の時代に入って来る。文芸復興期には軍事的にも大きな革命がありました。それは鉄砲が使われ始めたことです。先祖代々武勇を誇っていた、いわゆる名門の騎士も、町人の鉄砲一発でやられてしまう。それでお侍の一騎打ちの時代は必然的に崩壊してしまい、再び昔の戦術が生まれ、これが社会的に大きな変化を招来して来るのであります。

当時は特に十字軍の影響を受けて地中海方面やライン方面に商業が非常に発達して、いわゆる重商主義の時代でありましたから、金《かね》が何より大事で兵制は昔の国民皆兵にかえらないで、ローマ末期の傭兵にかえったのであります。ところが新しく発展して来た国家は皆小さいものですから、常に沢山の兵隊を養ってはいられない。それでスイスなどで兵隊商売、すなわち戦争の請負業ができて、国家が戦争をしようとしますと、その請負業者から兵隊を傭って来るようになりました。そんな商売の兵隊では戦争の深刻な本性が発揮できるはずがありません。必然的に持久戦争に堕落したのであります。しかし戦争がありそうだから、あそこから三百人傭って来い、あっちからも百人傭って来い、なるたけ値切って傭って来いというような方式では頼りないのでありますから、国家の力が増大するにつれ、だんだん常備傭兵の時代になりました。軍閥時代の支那の軍隊のようなものであります。常備傭兵になりますと戦術が高度に技術化するのです。くろうとの戦いになると巧妙な駆引の戦術が発達して来ます。けれども、やはり金で傭って来るのでありますから、当時の社会統制の原理であった専制が戦術にもそのまま利用されたのです。

その形式が今でも日本の軍隊にも残っております。日本の軍隊は西洋流を学んだのですから自然の結果であります。たとえば号令をかけるときに剣を抜いて「気を付け」とやります。「言うことを聞かないと斬るぞ」と、おどしをかける。もちろん誰もそんな考えで剣を抜いているのではありませんが、この指揮の形式は西洋の傭兵時代に生まれたものと考えます。刀を抜いて親愛なる部下に号令をかけるというのは日本流ではない。日本では、まあ必要があれば采配を振るのです。敬礼の際「頭右《かしらみぎ》」と号令をかけ指揮官は刀を前に投げ出します。それは武器を投ずる動作です。刀を投げ捨てて「貴方にはかないません」という意味を示した遺風であろうと思われます。また歩調を取って歩くのは専制時代の傭兵に、弾雨の下を臆病心を押えつけて敵に向って前進させるための訓練方法だったのです。

金で備われて来る兵士に対しては、どうしても専制的にやって行かねばならぬ。兵の自由を許すことはできない。そういう関係から、鉄砲が発達して来ますと、射撃をし易くするためにも、味方の損害を減ずるためにも、隊形がだんだん横広くなって深さを減ずるようになりましたが、まだ専制時代であったので、横隊戦術から散兵戦術に飛躍することが困難だったのであります。

横隊戦術は高度の専門化であり、従って非常に熟練を要するものです。何万という兵隊を横隊に並べる、われわれも若いときに歩兵中隊の横隊分列をやるのに苦心したものです。何百個中隊、何十個大隊が横隊に並んで、それが敵前で動くことは非常な熟練を要することであります。戦術が煩瑣《はんさ》なものになって専門化したことは恐るべき堕落であります。それで戦闘が思う通りにできないのです。ちょっとした地形の障害でもあれば、それを克服することができない。

そんな関係で戦場に於ける決戦は容易に行なわれない。また長年養って商売化した兵隊は非常に高価なものであります。それを濫費することは、君主としては惜しいので、なるべく斬り合いはやりたくない。そういうような考えから持久戦争の傾向が次第に徹底して来るのです。

三十年戦争や、この時代の末期に出て来た持久戦争の最大名手であるフリードリヒ大王の七年戦争などは、その代表的なものであります。持久戦争では会戦、つまり斬り合いで勝負をつけるか、あるいは会戦をなるべくやらないで機動によって敵の背後に迫り、犠牲を少なくしつつ敵の領土を蚕食《さんしょく》する。この二つの手段が主として採用されるのであります。

フリードリヒ大王は、最初は当時の風潮に反して会戦を相当に使ったのでありますが、さすがのフリードリヒ大王も、多く血を見る会戦では戦争の運命を決定しかね、遂に機動主義に傾いて来たのであります。

フリードリヒ大王を尊敬し、大王の機動演習の見学を許されたこともあったフランスのある有名な軍事学者は、一七八九年、次の如く言っております。「大戦争は今後起らないだろうし、もはや会戦を見ることはないだろう」。将来は大きな戦争は起きまい。また戦争が起きても会戦などという血なまぐさいことはやらないで主として機動によりなるべく兵の血を流さないで戦争をやるようになるだろうという意味であります。

すなわち女性的陰性の持久戦争の思想に徹底したのであります。しかし世の中は、あることに徹底したときが革命の時なんです。皮肉にも、この軍事学者がそういう発表をしている一七八九年はフランス革命勃発の年であります。そういうふうに持久戦争の徹底したときにフランス革命が起りました。

フランス革命

フランス革命当時はフランスでも戦争には傭い兵を使うのがよいと思われていた。ところが多数の兵を傭うには非常に金がかかる。しかるに残念ながら当時、世界を敵とした貧乏国フランスには、とてもそんな金がありません。何とも仕様がない。国の滅亡に直面して、革命の意気に燃えたフランスは、とうとう民衆の反対があったのを押し切り、徴兵制度を強行したのであります。そのために暴動まで起きたのでありますが、活気あるフランスは、それを弾圧して、とにかく百万と称する大軍――実質はそれだけなかったと言われておりますが――を集めて、四方からフランスに殺到して来る熟練した職業軍人の連合軍に対抗したのであります。その頃の戦術は先に申しました横隊です。横隊が余り窮屈なものですから、横隊より縦隊がよいとの意見も出ていたのでありますが、軍事界では横隊論者が依然として絶対優勢な位置を占めておりました。

ところが横隊戦術は熟練の上にも熟練を要するので、急に狩り集めて来た百姓に、そんな高級な戦術が、できっこはないのです。善いも悪いもない。いけないと思いながら縦隊戦術を採ったのです。散兵戦術を採用したのです。縦隊では射撃はできませんから、前に散兵を出して射撃をさせ、その後方に運動の容易な縦隊を運用しました。横隊戦術から散兵戦術へ変化したのであります。決してよいと思ってやったのではありません。やむを得ずやったのです。ところがそれが時代の性格に最も良く合っていたのです。革命の時代は大体そういうものだと思われます。

古くからの横隊戦術が、非常に価値あるものの高級なものと常識で信じられていたときに、新しい時代が来ていたのです。それに移るのがよいと思って移ったのではない。これは低級なものだと思いながら、やむを得ず、やらざるを得なくなって、やったのです。それが、地形の束縛に原因する決戦強制の困難を克服しまして、用兵上の非常な自由を獲得したのみならず、散兵戦術は自由にあこがれたフランス国民の性格によく適合しました。

これに加えて、傭兵の時代とちがい、ただで兵隊を狩り集めて来るのですから、大将は国王の財政的顧慮などにしばられず、思い切った作戦をなし得ることとなったのであります。こういう関係から、十八世紀の持久戦争でなければならなかった理由は、自然に解消してしまいました。

ところが、そういうように変っても、敵の大将はむろんのこと新しい軍隊を指揮したフランスの大将も、依然として十八世紀の古い戦略をそのまま使っていたのであります。土地を攻防の目標とし、広い正面に兵力を分散し、極めて慎重に戦いをやって行く方式をとっていたのです。このとき、フランス革命によって生じた軍制上、戦術上の変化を達観して、その直感力により新しい戦略を発見し、果敢に運用したのが不世出の軍略家ナポレオンであります。すなわちナポレオンは当時の用兵術を無視して、要点に兵力を集めて敵線を突破し、突破が成功すればば逃げる敵をどこまでも追っかけて行って徹底的にやっつける。敵の軍隊を撃滅すれば戦争の目的は達成され、土地を作戦目標とする必要などは、なくなります。

敵の大将は、ナポレオンが一点に兵を集めて、しゃにむに突進して来ると、そんなことは無理じゃないか、乱暴な話だ、彼は兵法を知らぬなどと言っている間に、自分はやられてしまった。だからナポレオンの戦争の勝利は対等のことをやっていたのではありません。在来と全く変った戦略を巧みに活用したのであります。ナポレオンは敵の意表に出て敵軍の精神に一大電撃を加え、遂に戦争の神様になってしまったのです。白い馬に乗って戦場に出て来る。それだけで敵は精神的にやられてしまった。猫ににらまれた鼠のように、立ちすくんでしまいました。

それまでは三十年戦争、七年戦争など長い戦争が当り前であったのに、数週間か数カ月で大戦争の運命を一挙に決定する決戦戦争の時代になったのであります。でありますから、フランス革命がナポレオンを生み、ナポレオンがフランス革命を完成したと言うべきです。

特に皆さんに注意していただきたいのは、フランス革命に於ける軍事上の変化の直接原因は兵器の進歩ではなかったことであります。中世暗黒時代から文芸復興へ移るときに軍事上の革命が起ったのは、鉄砲の発明という兵器の関係でありました。けれどもフランス革命で横隊戦術から散兵戦術に、持久戦争から決戦戦争に移った直接の動機は兵器の進歩ではありません。フリードリヒ大王の使った鉄砲とナポレオンの使ったものとは大差がないのです。社会制度の変化が軍事上の革命を来たした直接の原因であります。先日、帝大の教授がたが、このことについて「何か新兵器があったでしょう」と言われますから「新兵器はなかったのです」と言って頑張りますと、「そんなら兵器の製造能力に革命があったのでしょうか」と申されます。「しかし、そんなこともありませんでした」と答えざるを得ないのです。兵器の進歩によってフランス革命を来たしたことにしなければ、学者には都合が悪いらしいのですが、都合が悪くても現実は致し方ないのであります。ただし兵器の進歩は、既に散兵の時代となりつつあったのに社会制度がフランス革命まで、これを阻止していたと見ることができます。

プロイセン軍はフリードリヒ大王の偉業にうぬぼれていたのでしたが、一八〇六年、イエーナでナポレオンに徹底的にやられてから、はじめて夢からさめ、科学的性格を活かしてナポレオンの用兵を研究し、ナポレオンの戦術をまねし出しました。さあそうなると、殊にモスクワ敗戦後は、遺憾ながらナポレオンはドイツの兵隊に容易には勝てなくなってしまいました。世の中では末期のナポレオンは淋病で活動が鈍ったとか、用兵の能力が低下したとか、いい加減なことを言いますけれども、ナポレオンの軍事的才能は年とともに発達したのです。しかし相手もナポレオンのやることを覚えてしまったのです。人間はそんなに違うものではありません。皆さんの中にも、秀才と秀才でない人がありましょう。けれども大した違いではありません。ナポレオンの大成功は、大革命の時代に世に率先して新しい時代の用兵術の根本義をとらえた結果であります。天才ナポレオンも、もう二十年後に生まれたなら、コルシカの砲兵隊長ぐらいで死んでしまっただろうと思います。皆さんのように大きな変化の時代に生まれた人は非常に幸福であります。この幸福を感謝せねばなりません。ヒトラーやナポレオン以上になれる特別な機会に生まれたのです。

フリードリヒ大王とナポレオンの用兵術を徹底的に研究したクラウゼヴィッツというドイツの軍人が、近代用兵学を組織化しました。それから以後、ドイツが西洋軍事学の主流になります。そうしてモルトケのオーストリアとの戦争（一八六六年）、フランスとの戦争（一八七〇―七一年）など、すばらしい決戦戦争が行なわれました。その後シュリーフェンという参謀総長が長年、ドイツの参謀本部を牛耳っておりまして、ハンニバルのカンネ会戦を模範とし、敵の両翼を包囲し騎兵をその背後に進め敵の主力を包囲殲滅すべきことを強調し、決戦戦争の思想に徹底して、欧州戦争に向ったのであります。

第一次欧州大戦

シュリーフェンは一九一三年、欧州戦争の前に死んでおります。つまり第一次欧州大戦（＊第一次世界大戦）は決戦戦争発達の頂点に於て勃発したのです。誰も彼も戦争は至短期間に解決するのだと思って欧州戦争を迎えたのであります。ぼんくらまで、そう思ったときには、もう世の中は変っているのです。あらゆる人間の予想に反して四年半の持久戦争になりました。

しかし今日、静かに研究して見ると、第一次欧州大戦前に、持久戦争に対する予感が潜在し始めていたことがわかります。ドイツでは戦前すでに「経済動員の必要」が論ぜられておりました。またシュリーフェンが参謀総長として立案した最後の対仏作戦計画である一九〇五年十二月案は、アルザス・ロートリンゲン地方の兵力を極端に減少してベルダン以西に主力を用い、パリを大兵力をもって攻囲した上、更に七軍団（十四師団）の強大な兵団をもってパリ西南方から遠く迂回し、敵主力の背後を攻撃するという真に雄大なものでありました。ところが一九〇六年に参謀総長に就任したモルトケ大将の第一次欧州大戦初頭に於ける対仏作戦は、御承知の通り開戦初期は破竹の勢いを以てベルギー、北フランスを席捲して長駆マルヌ河畔に進出し、一時はドイツの大勝利を思わせたのでありましたが、ドイツ軍配置の重点はシュリーフェン案に比して甚だしく東方に移り、その右翼はパリにも達せず、敵のパリ方面よりする反撃に遇《あ》うともろくも敗れて後退のやむなきに至り、遂に持久戦争となりました。この点についてモルトケ大将は、大いに批難されているのであります。たしかにモルトケ大将の案は、決戦戦争を企図したドイツの作戦計画としては、甚だ不徹底なものと言わねばなりません。シュリーフェン案を決行する鉄石の意志と、これに対する十分な準備があったならば、第一次欧州大戦も決戦戦争となって、ドイツの勝利となる公算が、必ずしも絶無でなかったと思われます。

しかし私は、この計画変更にも持久戦争に対する予感が無意識のうちに力強く作用していたことを認めます。すなわちシュリーフェン時代にはフランス軍は守勢をとると判断されたのに、その後、フランス軍はドイツの重要産業地帯であるザール地方への攻勢をとるものと判断されるに至ったことが、この方面への兵力増加の原因であります。また大規模な迂回作戦を不徹底ならしめたのは、モルトケ大将が、シュリーフェン元帥の計画では重大条件であったオランダの中立侵犯を断念したことが、最も有力な原因となっているものと私は確信いたします。ザール鉱工業地帯の掩護、特にオランダの中立尊重は、戦争持久のための経済的考慮によったのであります。すなわち決戦を絶叫しつつあったドイツ参謀本部首脳部の胸の中に、彼らがはっきり自覚しない間に持久戦争的考慮が加わりつつあったことは甚だ興味深いものと思います。

四年半は三十年戦争や七年戦争に比べて短いようでありますが緊張が違う。昔の戦争は三十年戦争などと申しましても中間に長い休みがあります。七年戦争でも、冬になれば傭兵を永く寒い所に置くと皆逃げてしまいますから、お互に休むのです。ところが第一次欧州戦争には徹底した緊張が四年半も続きました。

なぜ持久戦争になったかと申しますと、第一に兵器が非常に進歩しました。殊に自動火器――機関銃は極めて防禦に適当な兵器であります。だからして簡単には正面が抜けない。第二にフランス革命の頃は、国民皆兵でも兵数は大して多くなかったのですが、第一次欧州戦争では、健康な男は全部、戦争に出る。歴史で未だかつてなかったところの大兵力となったのです。それで正面が抜けない。さればと言って敵の背後に迂回しようとすると、戦線は兵力の増加によってスイスから北海までのびているので迂回することもできない。突破もできなければ迂回もできない。それで持久戦争になったのであります。

フランス革命のときは社会の革命が戦術に変化を及ぼして、戦争の性質が持久戦争から決戦戦争になったのでしたが、第一次欧州大戦では兵器の進歩と兵力の増加によって、決戦戦争から持久戦争に変ったのであります。

四年余の持久戦争でしたが、十八世紀頃の持久戦争のように会戦を避けることはなく決戦が連続して行なわれ、その間に自然に新兵器による新戦術が生まれました。

砲兵力の進歩が敵散兵線の突破を容易にするので、防者は数段で敵の攻撃を支えることとなり、いわゆる数線陣地となりましたが、それでは結局、敵から各個に撃破される危険があるため、逐次抵抗の数線陣地の思想から自然に面式の縦深防禦の新方式が出てきました。

すなわち自動火器を中心とする一分隊ぐらい（戦闘群）の兵力が大間隔に陣地を占め、さらにこれを縦深に配置するのであります。このような兵力の分散により敵の砲兵火力の効力を減殺するのみならず、この縦深に配置された兵力は互に巧妙に助け合うことによって、攻者は単に正面からだけでなく前後左右から不規則に不意の射撃を受ける結果、攻撃を著しく困難にします。

こうなると攻撃する方も在来のような線の散兵では大損害を受けますから、十分縦深に展開し、やはり面の戦力を発揮することにつとめます。横隊戦術は前に申しましたように専制をその指導精神としたのに対し、散兵戦術は各兵、各部隊に十分な自由を与え、その自主的活動を奨励する自由主義の戦術であります。しかるに面式の防禦をしている敵を攻撃するに各兵、各部隊の自由にまかせて置いては大きな混乱に陥るから、指揮官の明確な統制が必要となりました。面式防禦をするのには、一貫した方針に基づく統制が必要であります。

すなわち今日の戦術の指導精神は統制であります。しかし横隊戦術のように強権をもって各兵の自由意志を押えて盲従させるものとは根本に於て相違し、各部隊、各兵の自主的、積極的、独断的活動を可能にするために明確な目標を指示し、混雑と重複を避けるに必要な統制を加えるのであります。自由を抑制するための統制ではなく、自由活動を助長するためであると申すべきです。

右のような新戦術は第一次欧州大戦中に自然に発生し、戦後は特にソ連の積極的研究が大きな進歩の動機となりました。欧州大戦の犠牲をまぬがれた日本は一番遅れて新戦術を採用し、今日、熱心にその研究訓練に邁進しております。

また第一次欧州大戦中に、戦争持久の原因は西洋人の精神力の薄弱に基づくもので大和魂をもってせば即戦即決が可能であるという勇ましい議論も盛んでありましたが、真相が明らかになり、数年来は戦争は長期戦争・総力戦で、武力のみでは戦争の決がつかないというのが常識になり、第二次欧州大戦（＊第二次世界大戦）の初期にも誰もが持久戦争になるだろうと考えていましたが、最近はドイツ軍の大成功により大きな疑問を生じて参りました。

第二次欧州大戦

第二次欧州大戦では、ドイツのいわゆる電撃作戦がポーランド、ノルウェーのような弱小国に対し迅速に決戦戦争を強行し得たことは、もちろん異とするに足りません。しかし仏英軍との間には恐らくマジノ、ジークフリートの線で相対峙し、お互にその突破が至難で持久戦争になるものと考えたのであります。

ドイツがオランダ、ベルギーに侵入することはあっても、それは英国に対する作戦基地を得るためで、連合軍の主力との間に真の大決戦が行なわれるだろうとは考えられませんでした。しかるに五月十日以来のドイツの猛撃は瞬時にオランダ、ベルギーを屈伏せしめ、難攻と信ぜられたマジノ延長線を突破して、ベルギーに進出した仏英の背後に迫り、たちまち、これを撃滅し、更に矛を転じてマジノ線以西の地区からパリに迫ってこれを抜き、オランダ侵入以来わずか五週間で強敵フランスに停戦を乞わしめるに至りました。すなわち世界史上未曾有の大戦果を挙げ、フランスに対しても見事な決戦戦争を遂行したのであります。しからば、果してこれが今日の戦争の本質であるかと申せば、私は、あえて「否」と答えます。

第一次欧州大戦に於ては、ドイツの武力は連合軍に比し多くの点で極めて優秀でありましたが、兵力は遥かに劣勢であり、戦意は双方相譲らない有様で大体互角の勝負でありました。ところがヒトラーがドイツを支配して以来、ドイツは真に挙国一致、全力を挙げて軍備の大拡充に努力したのに対し、自由主義の仏英は漫然これを見送ったために、空軍は質量共に断然ドイツが優勢であることは世界がひとしく認めていたのであります。今度いよいよ戦争の幕をあけて見ると、ドイツ機械化兵団が極めて精鋭且つ優勢であるのみならず、一般師団の数も仏英側に対しドイツは恐らく三分の一以上も優勢を保持しているらしいのです。しかも英雄ヒトラーにより全国力が完全に統一運用されているのに反し、数年前ドイツがライン進駐を決行したとき、フランスが断然ベルサイユ条約に基づきドイツに一撃を加えることを主張したのに対し英国は反対し、その後も作戦計画につき事毎《ことごと》に意見の一致を見なかったと信ぜられます。フランスの戦意はこんな関係で第一次欧州大戦のようではなく、マジノ延長線も計画に止まり、ほとんど構築されていなかったらしいのです。

戦力の著しく劣勢なフランスは、国境で守勢をとるべきだったと思われます。恐らく軍当局はこれを欲したのでしょうが、政略に制せられてベルギーに前進し、この有力なベルギー派遣軍がドイツの電撃作戦に遇って徹底的打撃を受け、英軍は本国へ逃げかえりました。英国が本気でやる気なら、本国などは海軍に一任し全陸軍はフランスで作戦すべきであります。英仏の感情は恐らく極めて不良となったことと考えられます。かくてドイツが南下するや、仏軍は遂に抵抗の実力なく、名将ペタン将軍を首相としてドイツに降伏しました。

このように考えますと、今次の戦争は全く互角の勝負ではなく、連合側の物心両面に於ける甚だしい劣勢が必然的にこの結果を招いたのであります。そもそも持久戦争は大体互角の戦争力を有する相手の間に於てのみ行なわれるものです。第一次欧州大戦では開戦初期の作戦はドイツの全勝を思わせたのでしたが、マルヌで仏軍の反撃に敗れ、また最後の一九一八年のルーデンドルフ将軍の大攻勢では、北フランスに於ける戦場付近で仏英軍に大打撃を与え、一時は全く敵を中断して戦争の運命を決し得るのではないかとさえ見えたのでしたが、遂に失敗に終りました。両軍は大体互角で持久戦争となり、ドイツは主として経済戦に敗れて遂に降伏したのであります。

フィンランドはソ連に屈伏はしたものの、極めて劣勢の兵力で長時日ソ連の猛撃を支え、今日の兵器に対しても防禦威力の如何に大なるかを示しました。またベルギー戦線でも、まだ詳細は分かりませんが、ブリュッセル方面から敵の正面を攻めたドイツ軍は大きな抵抗に遇い、容易には敵線を突破できなかった様子です。現在は第一次欧州大戦に比べると、空軍の大進歩、戦車の進歩などがありますが、十分の戦備と決心を以て戦う敵線の突破は今日も依然として至難で、戦争持久に陥る公算が多く、まだ持久戦争の時代であると観察されます。

世界が一つになる

われわれは第一次欧州大戦以後、戦術から言えば戦闘群の戦術、戦争から言えば持久戦争の時代に呼吸しています。第二次欧州戦争で所々に決戦戦争が行なわれても、時代の本質はまだ持久戦争の時代であることは前に申した通りでありますが、やがて次の決戦戦争の時代に移ることは、今までお話した歴史的観察によって疑いのないところであります。

その決戦戦争がどんな戦争であるだろうか。これを今までのことから推測して考えましょう。まず兵数を見ますと今日では男という男は全部戦争に参加するのでありますが、この次の戦争では男ばかりではなく女も、更に徹底すれば老若男女全部、戦争に参加することになります。

戦術の変化を見ますと、密集隊形の方陣から横隊になり散兵になり戦闘群になったのであります。これを幾何学的に観察すれば、方陣は点であり横隊は実線であり散兵は点線であり、戦闘群の戦法は面の戦術であります。点線から面に来たのです。この次の戦争は体（三次元）の戦法であると想像されます。

それでは戦闘の指揮単位はどういうふうに変化したかと言うと、必ずしも公式の通りではなかったのでありますが、理屈としては密集隊形の指揮単位は大隊です。今のように拡声器が発達すれば「前へ進め」と三千名の連隊を一斉に動かし得るかも知れませんが、肉声では声のよい人でも大隊が単位です。われわれの若いときに盛んにこの大隊密集教練をやったものであります。横隊になると大隊ではどんな声のよい人でも号令が通りません。指揮単位は中隊です。次の散兵となると中隊長ではとても号令は通らないので、小隊長が号令を掛けねばいけません。それで指揮単位は小隊になったのであります。戦闘群の戦術では明瞭に分隊――通常は軽機一挺と鉄砲十何挺を持っている分隊が単位であります。大隊、中隊、小隊、分隊と逐次小さくなって来た指揮単位は、この次は個人になると考えるのが至当であろうと思います。

単位は個人で量は全国民ということは、国民の持っている戦争力を全部最大限に使うことです。そうして、その戦争のやり方は体の戦法すなわち空中戦を中心としたものでありましょう。われわれは体以上のもの、すなわち四次元の世界は分からないのです。そういうものがあるならば、それは恐らく霊界とか、幽霊などの世界でしょう。われわれ普通の人間には分からないことです。要するに、この次の決戦戦争は戦争発達の極限に達するのであります。

戦争発達の極限に達するこの次の決戦戦争で戦争が無くなるのです。人間の闘争心は無くなりません。闘争心が無くならなくて戦争が無くなるとは、どういうことか。国家の対立が無くなる――すなわち世界がこの次の決戦戦争で一つになるのであります。

これまでの私の説明は突飛だと思う方があるかも知れませんが、私は理論的に正しいものであることを確信いたします。戦争発達の極限が戦争を不可能にする。例えば戦国時代の終りに日本が統一したのは軍事、主として兵器の進歩の結果であります。すなわち戦国時代の末に信長、秀吉、家康という世界歴史でも最も優れた三人の偉人が一緒に日本に生まれて来ました。三人の協同作業です。信長が、あの天才的な閃きで、大革新を妨げる堅固な殻を打ち割りました。割った後もあまり天才振りを発揮されると困ります。それで明智光秀が信長を殺した。信長が死んだのは用事が終ったからであります。それで秀吉が荒削りに日本の統一を完成し、朝鮮征伐までやって統一した日本の力を示しました。そこに家康が出て来て、うるさい婆さんのように万事キチンと整頓してしまった。徳川が信長や秀吉の考えたような皇室中心主義を実行しなかったのは遺憾千万ですが、この三人で、ともかく日本を統一したのであります。なぜ統一が可能であったかと言えば、種子島へ鉄砲が来たためです。いくら信長や秀吉が偉くても鉄砲がなくて、槍と弓だけであったならばうまく行きません。信長は時代を達観して尊皇の大義を唱え、日本統一の中心点を明らかにしましたが、彼は更に今の堺から鉄砲を大量に買い求めて統一の基礎作業を完成しました。

今の世の中でも、もしもピストル以上の飛び道具を全部なくしたならば、選挙のときには恐らく政党は演壇に立って言論戦なんかやりません。言論では勝負が遅い。必ず腕力を用いることになります。しかし警察はピストルを持っている。兵隊さんは機関銃を持っている。いかに剣道、柔道の大家でも、これではダメだ。だから甚だ迂遠な方法であるが、言論戦で選挙を争っているのです。兵器の発達が世の中を泰平にしているのです。この次の、すごい決戦戦争で、人類はもうとても戦争をやることはできないということになる。そこで初めて世界の人類が長くあこがれていた本当の平和に到着するのであります。

要するに世界の一地方を根拠とする武力が、全世界の至るところに対し迅速にその威力を発揮し、抵抗するものを屈伏し得るようになれば、世界は自然に統一することとなります。

しかからばその決戦戦争はどういう形を取るかを想像して見ます。戦争には老若男女全部、参加する。老若男女だけではない。山川草木《さんせんそうもく》全部、戦争の渦中に入るのです。しかし女や子供まで全部が満州国やシベリア、または南洋に行って戦争をやるのではありません。

人類最後の決戦

戦争には二つのことが大事です。

一つは敵を撃つこと——損害を与えること。もう一つは損害に対して我慢することです。すなわち敵に最大の損害を与え、自分の損害に堪え忍ぶことであります。この見地からすると、次の決戦戦争では敵を撃つものは少数の優れた軍隊でありますが、我慢しなければならないものは全国民となるのです。今日の欧州大戦でも空軍による決戦戦争の自信力がありませんから、無防禦の都市は爆撃しない。軍事施設を爆撃したとか言っておりますけれども、いよいよ真の決戦戦争の場合には、忠君愛国の精神で死を決心している軍隊などは有利な目標でありません。最も弱い人々、最も大事な国家の施設が攻撃目標となります。工業都市や政治の中心を徹底的にやるのです。でありますから老若男女、山川草木、豚も鶏も同じにやられるのです。かくて空軍による真に徹底した殲滅戦争となります。国民はこの惨状に堪え得る鉄石の意志を鍛錬しなければなりません。また今日の建築は危険極まりないことは周知の事実であります。国民の徹底した自覚により国家は遅くも二十年を目途とし、主要都市の根本的防空対策を断行すべきことを強く提案致します。官憲の大整理、都市に於ける中等学校以上の全廃（教育制度の根本革新）、工業の地方分散等により都市人口の大整理を行ない、必要な部分は市街の大改築を強行せねばなりません。

今日のように陸海軍などが存在している間は、最後の決戦戦争にはならないのです。それ動員だ、輸送だなどと間ぬるいことではダメであります。軍艦のように太平洋をのろのろと十日も二十日もかかっては問題になりません。それかと言って今の空軍ではとてもダメです。また仮に飛行機の発達により今、ドイツがロンドンを大空襲して空中戦で戦争の決をつけ得るとしても、恐らくドイツとロシアの間では困難であります。ロシアと日本の間もまた困難。更に太平洋をへだてたところの日本とアメリカが飛行機で決戦するのはまだまだ遠い先のことであります。一番遠い太平洋を挟んで空軍による決戦の行なわれる時が、人類最後の一大決勝戦の時であります。すなわち無着陸で世界をぐるぐる廻れるような飛行機ができる時代であります。それから破壊の兵器も今度の欧州大戦で使っているようなものでは、まだ問題になりません。もっと徹底的な、一発あたると何万人もがペチャンコにやられるところの、私どもには想像もされないような大威力のものができねばなりません。

飛行機は無着陸で世界をクルグル廻る。しかも破壊兵器は最も新鋭なもの、例えば今日戦争になって次の朝、夜が明けて見ると敵国の首都や主要都市は徹底的に破壊されている。その代り大阪も、東京も、北京も、上海も、廃墟になっておりましょう。すべてが吹き飛んでしまう……。それぐらいの破壊力のものであろうと思います。そうなると戦争は短期間に終る。それ精神総動員だ、総力戦だなどと騒いでいる間は最終戦争は来ない。そんななまぬるいのは持久戦争時代のことで、決戦戦争では問題にならない。この次の決戦戦争では降ると見て笠取るひまもなくやっつけてしまうのです。このような決戦兵器を創造して、この惨状にどこまでも堪え得る者が最後の優者であります。

四群の国家連合

西洋歴史を大観すれば、古代は国家の対立からローマが統一したのであります。それから中世はそれをキリスト教の坊さんが引受けて、彼らが威力を失いますと、次には新しい国家が発生してまいりました。国家主義がだんだん発展して来て、フランス革命のときは一時、世界主義が唱導されました。ゲーテやナポレオンは本当に世界主義を理想としたのでありますが、結局それは目的を達しないで、国家主義の全盛時代になって第一次欧州戦争を迎えました。

欧州戦争の深刻な破壊の体験によって、再び世界主義である国際連盟の実験が行なわれることとなりました。けれども急に理想までは達しかねて、国際連盟は空文になったのです。しかし世界は欧州戦争前の国家主義全盛の時代までは逆転しないで、国家連合の時代になったと私どもは言っているのであります。大体、世界は四つになるようであります。

第一はソビエト連邦。これは社会主義国家の連合体であります。マルクス主義に対する世界の魅力は失われましたが、二十年来の経験に基づき、特に第二次欧州戦争に乗じ、独特の活躍をなしつつあるソ連の実力は絶対に軽視できません。第二は米州であります。合衆国を中心とし、南北アメリカを一体にしようとしつつあります。中南米の民族的関係もあり、合衆国よりもむしろヨーロッパ方面と経済上の関係が濃厚な南米の諸国に於ては、合衆国を中心とする米州の連合に反対する運動は相当強いのです。けれども大勢は着々として米州の連合に進んでおります。

次にヨーロッパです。第一次欧州戦争の結果たるベルサイユ体制は、反動的で非常に無理があったものですから遂に今日の破局を来たしました。今度の戦争が起ると、「われわれは戦争に勝ったならば断じてベルサイユの体制に還すのではない。ナチは打倒しなければならぬ。ああいう独裁者は人類の平和のために打倒して、われわれの方針である自由主義の信条に基づく新しいヨーロッパの連合体制を採ろう」というのが、英国の知識階級の世論だと言われております。ドイツ側はどうでありましたか。たしか去年の秋のことでした。トルコ駐在のドイツ大使フォン・パーペンがドイツに帰る途中、イスタンブールで新聞記者にドイツの戦争目的如何という質問を受けた。ナチでないのでありますから、比較的慎重な態度を取らなければならぬパーペンが、言下に「ドイツが勝ったならばヨーロッパ連盟を作るのだ」と申しました。ナチスの世界観である「運命協同体」を指導原理とするヨーロッパ連盟を作るのが、ヒトラーの理想であるだろうと思います。フランスの屈伏後に於けるドイツの態度から見ても、このことは間違いないと信ぜられます。第一次欧州戦争が終りましてから、オーストリアのクーデンホーフが汎ヨーロッパということを唱導しまして、フランスのブリアン、ドイツのストレーゼマンという政治家も、その実現に熱意を見せたのでありますが、とうとうそこまで行かないでウヤムヤになったのです。今度の大破局に当ってヨーロッパの連合体を作るということが、再びヨーロッパ人の真剣な気持になりつつあるものと思われます。

最後に東亜であります。目下、日本と支那は東洋では未だかつてなかった大戦争を継続しております。しかしこの戦争も結局は日支両国が本当に提携するための悩みなのです。日本はおぼろ気ながら近衛声明以来それを認識しております。近衛声明以来ではありません。開戦当初から聖戦と唱えられたのがそれであります。如何なる犠牲を払っても、われわれは代償を求めるのではない、本当に日支の新しい提携の方針を確立すればそれでよろしいということは、今や日本の信念になりつつあります。明治維新後、民族国家を完成しようとして、他民族を軽視する傾向を強めたことは否定できません。台湾、朝鮮、満州、支那に於て遺憾ながら他民族の心をつかみ得なかった最大原因はここにあることを、深く反省するのが事変処理、昭和維新、東亜連盟結成の基礎条件であります。中華民国でも三民主義の民族主義は孫文時代のままではなく、今度の事変を契機として新しい世界の趨勢に即応したものに進展することを信ずるものであります。今日の世界的形勢に於て、科学文明に立ち遅れた東亜の諸民族が西洋人と太刀打ちしようとするならば、われわれは精神力、道義力によって提携するのが最も重要な点でありますから、聡明な日本民族も漢民族も、もう間もなく大勢を達観して、心から諒解するようになるだろうと思います。

イギリスの衰退

もう一つ大英帝国というブロックが現実にはあるのであります。カナダ、アフリカ、インド、オーストラリア、南洋の広い地域を支配しています。しかし私は、これは問題にならないと見ております。あれは十九世紀で終ったのです。強大な実力を有する国家がヨーロッパにしかない時代に、英国は制海権を確保してヨーロッパから植民地に行く道を独占し、更にヨーロッパの強国同士を絶えず喧嘩させて、自分の安全性を高めて世界を支配していたのです。

ところが十九世紀の末から既に大英帝国の鼎《かなえ》の軽重は問われつつあった。殊にドイツが大海軍の建設をはじめただけでなく、三B政策によって陸路ベルリンからバグダッド、エジプトの方に進んで行こうとするに至って、英国は制海権のみによってはドイツを屈伏させることが怪しくなって来たのです。それが第一次欧州大戦の根本原因であります。幸いにドイツをやっつけました。数百年前、世界政策に乗り出して以来、スペイン、ポルトガル、オランダを破り、次いでナポレオンを中心とするフランスに打ち克って、一世紀の間、世界の覇者となっていた英国は、最後にドイツ民族との決勝戦を迎えたのであります。

英国は第一次欧州戦争の勝利により、欧州諸国家の争覇戦に於ける全勝の名誉を獲得しました。しかしこの名誉を得たときが実は、おしまいであったのです。まあ、やれやれと思ったときに東洋の一角では日本が相当なものになってしまった。それから合衆国が新大陸に威張っている。もう今日は英帝国の領土は日本やアメリカの自己抑制のおかげで保持しているのです。英国自身の実力によって保持しているのではありません。

カナダをはじめ南北アメリカの英国の領土は、合衆国の力に対して絶対に保持できません。シンガポール以東、オーストラリアや南洋は、英国の力をもってしては、日本の威力に対して断じて保持できない。インドでもソビエトか日本の力が英国の力以上であります。本当に英国の、いわゆる無敵海軍をもって確保できるのは、せいぜいアフリカの植民地だけです。大英帝国はもうベルギー、オランダなみに歴史的惰性と外交的駆引によって、自分の領土を保持しているところの老獪極まる古狸でございます。二十世紀の前半期は英帝国の崩壊史だろうと私どもも言っておったのですが、今次欧州大戦では、驚異的に復興したドイツのために、その本幹に電撃を与えられ、大英帝国もいよいよ歴史的存在となりつつあります。

この国家連合の時代には、英帝国のような分散した状態ではいけないので、どうしても地域的に相接触したものが一つの連合体になることが、世界歴史の運命だと考えます。そして私は第一次欧州大戦以後の国家連合の時代は、この次の最終戦争のための準決勝戦時代だと観察しているのであります。先に話しました四つの集団が第二次欧州大戦以後は恐らく日、独、伊すなわち東亜と欧州の連合と米州との対立となり、ソ連は巧みに両者の間に立ちつつも、大体は米州に多く傾くように判断されますが、われわれの常識から見れば結局、二つの代表的勢力となるものと考えられるのであります。どれが準決勝で優勝戦に残るかと言えば、私の想像では東亜と米州だろうと思います。

太平洋戦争の行方

人類の歴史を、学問的ではありませんが、しろうと考えで考えて見ると、アジアの西部地方に起った人類の文明が東西両方に分かれて進み、数千年後に太平洋という世界最大の海を境にして今、顔を合わせたのです。この二つが最後の決勝戦をやる運命にあるのではないでしょうか。軍事的にも最も決勝戦争の困難なのは太平洋を挟んだ両集団であります。軍事的見地から言っても、恐らくこの二つの集団が準決勝に残るのではないかと私は考えます。

そういう見当で想像して見ますと、ソ連は非常に勉強して、自由主義から統制主義に飛躍する時代に、率先して幾多の犠牲を払い幾百万の血を流して、今でも国民に驚くべき大犠牲を強制しつつ、スターリンは全力を尽しておりますけれども、どうもこれは瀬戸物のようではないか。堅いけれども落とすと割れそうだ。スターリンに、もしものことがあるならば、内部から崩壊してしまうのではなかろうか。非常にお気の毒ではありますけれども。

それからヨーロッパの組はドイツ、イギリス、それにフランスなど、みな相当なものです。とにかく偉い民族の集まりです。しかし偉くても場所が悪い。確かに偉いけれどもそれが隣り合わせている。いくら運命協同体を作ろう、自由主義連合体を作ろうと言ったところで、考えはよろしいが、どうも喧嘩はヨーロッパが本家本元であります。その本能が何と言っても承知しない、なぐり合いを始める。因業《いんごう》な話で共倒れになるのじゃないか。ヒトラー統率の下に有史以来未曾有の大活躍をしている友邦ドイツに対しては、誠に失礼な言い方と思いますが、何となくこのように考えられます。ヨーロッパ諸民族は特に反省することが肝要と思います。そうなって来ると、どうも、ぐうたらのような東亜のわれわれの組と、それから成金《なりきん》のようでキザだけれども若々しい米州、この二つが大体、決勝に残るのではないか。この両者が太平洋を挟んだ人類の最後の大決戦、極端な大戦争をやります。その戦争は長くは続きません。至短期間でバタバタと片が付く。そうして天皇が世界の天皇で在《あ》らせらるべきものか、アメリカの大統領が世界を統制すべきものかという人類の最も重大な運命が決定するであろうと思うのであります。すなわち東洋の王道と西洋の覇道の、いずれが世界統一の指導原理たるべきかが決定するのであります。

悠久の昔から東方道義の道統を伝持遊ばされた天皇が、間もなく東亜連盟の盟主、次いで世界の天皇と仰がれることは、われわれの堅い信仰であります。今日、特に日本人に注意して頂きたいのは、日本の国力が増進するにつれ、国民は特に謙譲の徳を守り、最大の犠牲を甘受して、東亜諸民族が心から天皇の御位置を信仰するに至ることを妨げぬよう心掛けねばならぬことであります。天皇が東亜諸民族から盟主と仰がれる日こそ、すなわち東亜連盟が真に完成した日であります。しかし八紘一宇《はっこういちう》の御精神を拝すれば、天皇が東亜連盟の盟主、世界の天皇と仰がれるに至っても日本国は盟主ではありません。

日米開戦は何時か

しからば最終戦争はいつ来るか。これも、まあ占いのようなもので科学的だとは申しませんが、全くの空想でもありません。再三申しました通り、西洋の歴史を見ますと、戦争術の大きな変転の時期が、同時に一般の文化史の重大な変化の時期であります。この見地に立って年数を考えますと、中世は約一千年くらい、それに続いてルネッサンスからフランス革命までは、まあ三百年乃至《ないし》四百年。これも見方によって色々の説もありましょうが、大体こういう見当になります。フランス革命から第一次欧州戦争までは明確に百二十五年であります。千年、三百年、百二十五年から推して、第一次欧州戦争の初めから次の最終戦争の時期までどのくらいと考えるべきであるか。千年、三百年、百二十五年の割合から言うと今度はどのくらいの見当だろうか。多くの人に聞いて見ると大体の結論は五十年内外だろうということになったのであります。これは余り短いから、なるべく長くしたい気分になり、最初は七十年とか言いましたけれども結局、極く長く見て五十年内だろうと判断せざるを得なくなったのであります。

ところが第一次欧州戦争勃発の一九一四年から二十数年経過しております。今日から二十数年、まあ三十年内外で次の決戦戦争、すなわち最終戦争の時期に入るだろう、ということになります。余りに短いようでありますが、考えてご覧なさい。飛行機が発明されて三十何年、本当の飛行機らしくなってから二十年内外、しかも飛躍的進歩は、ここ数年であります。文明の急激な進歩は全く未曾有の勢いであり、今日までの常識で将来を推しはかるべきでないことを深く考えなければなりません。

今年はアメリカの飛行機が亜成層圏を飛ぶというのであります。成層圏の征服も間もなく実現することと信じます。科学の進歩から、どんな恐ろしい新兵器が出ないとも言えません。この見地から、この三十年は最大の緊張をもって挙国一致、いな東亜数億の人々が一団となって最大の能力を発揮しなければなりません。

この最終戦争の期間はどのくらい続くだろうか。これはまた更に空想が大きくなるのでありますが、例えば東亜と米州とで決戦をやると仮定すれば、始まったら極めて短期間で片付きます。しかし準決勝で両集団が残ったのでありますが、他にまだ沢山の相当な国々があるのですから、本当に余震が鎮静して戦争がなくなり人類の前史が終るまで、すなわち最終戦争の時代は二十年見当であろう。言い換えれば今から三十年内外で人類の最後の決勝戦の時期に入り、五十年以内に世界が一つになるだろう。こういうふうに私は算盤《そろばん》を弾《はじ》いた次第であります。

第二次産業革命

フランス革命は持久戦争から決戦戦争、横隊戦術から散兵戦術に変る大きな変革でありました。日本では、ちょうど明治維新時代がそれであります。第一次欧州大戦によって決戦戦争から持久戦争、散兵戦術から戦闘群の戦術に変化し、今日はフランス革命以後最大の革新時代に入り、現に革新が進行中であります。すなわち昭和維新であります。第二次欧州大戦で新しい時代が来たように考える人が多いのですが、私は第一次欧州大戦によって展開された自由主義から統制主義への革新、すなわち昭和維新の急進展と見るのであります。

昭和維新は日本だけの問題ではありません。本当に東亜の諸民族の力を総合的に発揮して、西洋文明の代表者と決勝戦を交える準備を完了するのであります。明治維新の眼目が王政復古にあったが如く、廃藩置県にあった如く、昭和維新の政治的眼目は東亜連盟の結成にある。満州事変によってその原則は発見され、今日ようやく国家の方針となろうとしています。

東亜連盟の結成を中心問題とする昭和維新のためには二つのことが大事であります。第一は東洋民族の新しい道徳の創造であります。ちょうど、われわれが明治維新で藩侯に対する忠誠から天皇に対する忠誠に立ち返った如く、東亜連盟を結成するためには民族の闘争、東亜諸国の対立から民族の協和、東亜の諸国家の本当の結合という新しい道徳を生み出して行かなければならないのであります。その中核の問題は満州建国の精神である民族協和の実現にあります。この精神、この気持が最も大切であります。第二に、われわれの相手になるものに劣らぬ物質力を作り上げなければならないのです。この立ち遅れた東亜がヨーロッパまたは米州の生産力以上の生産力を持たなければならない。

以上の見地からすれば、現代の国策は東亜連盟の結成と生産力大拡充という二つが重要な問題をなしております。科学文明の後進者であるわれわれが、この偉大な生産力の大拡充を強行するためには、普通の通り一遍の方式ではダメです。何とかして西洋人の及ばぬ大きな産業能力を発揮しなければならないのであります。

このごろ亀井貫一郎氏の『ナチス国防経済論』という書物を読んで非常に心を打たれました。

ドイツは原料が足りない。ドイツがベルサイユ体制でいじめられて、いじめ抜かれたことが、ドイツを本当に奮発させさせまして、二十年この方、特に十年この方、ドイツには第二産業革命が発生していると言うのです。

私には、よくは理屈が分かりませんが、要するに常温常圧の工業から高温高圧工業に、電気化学工業に変遷をして来る、そうして今までの原料の束縛からまぬがれてあらゆる物が容易に生産されるに至る驚くべき第二産業革命が今、進行しているのであります。それに対する確信があってこそ今度ドイツが大戦争に突進できたのであろうと思います。われわれは非常に科学文明で遅れております。しかし頭は良いのです。皆さんを見ると、みな秀才のような顔をしております。断然われわれの全知能を総動員してドイツの科学の進歩、産業の発達を追い越して最新の科学、最優秀の産業力を迅速に獲得しなくてはならないのであります。これが、われわれの国策の最重要条件でなければなりません。ドイツに先んじて、むろんアメリカに先んじて、われわれの産業大革命を強行するのであります。

この産業大革命は二つの方向に作用を及ぼすと思います。一つは破壊的であります。一つは建設的であります。破壊的とは何かと言うと、われわれはもう既に三十年後の世界最後の決勝戦に向っているのでありますが、今持っているピーピーの飛行機では問題にならない。自由に成層圏にも行動し得るすばらしい航空機が速やかに造られなければなりません。また一挙に敵に殲滅的打撃を与える決戦兵器ができなければなりません。この産業革命によって、ドイツの今度の新兵器なんか比較にならない驚くべき決戦兵器が生産されるべきで、それによって初めて三十年後の決勝戦に必勝の態勢を整え得るのであります。ドイツが本当に戦争の準備をして数年にしかなりません。皆さんに二十年の時間を与えます。十分でしょう、いや余り過ぎて困るではありませんか。

地下資源からの脱却

もう一つは建設方面であります。

破壊も単純な破壊ではありません。最後の大決勝戦で世界の人口は半分になるかも知れないが、世界は政治的に一つになる。これは大きく見ると建設的であります。同時に産業革命の美しい建設の方面は、原料の束縛から離れて必要資材をどんどん造ることであります。われわれにとって最も大事な水や空気は喧嘩の種になりません。ふんだんにありますから。水喧嘩は時々ありますが、空気喧嘩をしてなぐり合ったということは、まず無いのです。必要なものは何でも、驚くべき産業革命でどしどし造ります。持たざる国（＊日独）と持てる国（＊英米）の区別がなくなり、必要なものは何でもできることになるのです。

しかしこの大事業を貫くものは建国の精神、日本国体の精神による信仰の統一であります。政治的に世界が一つになり、思想信仰が統一され、この和やかな正しい精神生活をするための必要な物資を、喧嘩してまで争わなければならないことがなくなります。そこで真の世界の統一、すなわち八紘一宇が初めて実現するであろうと考える次第であります。もう病気はなくなります。今の医術はまだ極めて能力が低いのですが、本当の科学の進歩は病気をなくして不老不死の夢を実現するでしょう。

それで東亜連盟協会の「昭和維新論」には、昭和維新の目標として、約三十年内外に決勝戦が起きる予想の下に、二十年を目標にして東亜連盟の生産能力を西洋文明を代表するものに匹敵するものにしなければならないと言って、これを経済建設の目標にしているのであります。その見地から、ある権威者が米州の二十年後の生産能力の検討をして見たところによりますと、それは驚くべき数量に達するのであります。詳しい数は記憶しておりませんが、大体の見当は鋼や油は年額数億トン、石炭に至っては数十億トンを必要とすることとなり、とても今のような地下資源を使ってやるところの文明の方式では、二十年後には完全に行き詰まります。この見地からも産業革命は間もなく不可避であり、「人類の前史将《まさ》に終らんとす」るという観察は極めて合理的であると思われるのであります。

正法、像法、末法

今度は少し方面を変えまして宗教上から見た見解を一つお話ししたいと思います。非科学的な予言への、われわれのあこがれが宗教の大きな問題であります。しかし人間は科学的判断、つまり理性のみを以てしては満足安心のできないものがあって、そこに予言や見通しに対する強いあこがれがあるのであります。今の日本国民は、この時局をどういうふうにして解決するか、見通しが欲しいのです。予言が欲しいのです。ヒトラーが天下を取りました。それを可能にしたのはヒトラーの見通しであります。第一次欧州戦争の結果、全く行き詰まってしまったドイツでは、何人《なんぴと》もあの苦境を脱する着想が考えられなかったときに、彼はベルサイユ条約を打倒して必ず民族の復興を果し得る信念を懐《いだ》いたのです。大切なのはヒトラーの見通しであります。最初は狂人扱いをされましたが、その見通しが数年の間に、どうも本当でありそうだと国民が考えたときに、ヒトラーに対する信頼が生まれ、今日の状態に持って来たのであります。私は宗教の最も大切なことは予言であると思います。

仏教、特に日蓮聖人が、予言の点から見て最も雄大で精密を極めたものであろうと考えます。空を見ると、たくさんの星があります。仏教から言えば、あれがみんな一つの世界であります。その中には、どれか知れませんが西方極楽浄土というよい世界があります。もっとよいのがあるかも知れません。その世界には必ず仏様が一人おられて、その世界を支配しております。その仏様には支配の年代があるのです。例えば地球では今は、お釈迦様の時代です。しかしお釈迦様は未来永劫この世界を支配するのではありません。次の後継者をちゃんと予定している。弥勒菩薩という御方が出て来るのだそうです。そうして仏様の時代を正法・像法・末法の三つに分けます。正法と申しますのは仏の教えが最も純粋に行なわれる時代で、像法は大体それに似通った時代です。末法というのは読んで字の通りであります。それで、お釈迦様の年代は、いろいろ異論もあるそうでございますが、多く信ぜられているのは正法千年、像法千年、末法万年、合計一万二千年であります。

ところが大集経というお経には更にその最初の二千五百年の詳細な予言があるのです。仏滅後（お釈迦様が亡くなってから後）の最初の五百年が解脱《げだつ》の時代で、仏様の教えを守ると神通力が得られて、霊界の事柄がよく分かるようになる時代であります。人間が純朴で直感力が鋭い、よい時代であります。大乗経典はお釈迦様が書いたものでない。お釈迦様が亡くなられてから最初の五百年、すなわち解脱の時代にいろいろな人によって書かれたものです。私はそれを不思議に思うのです。長い年月かかって多くの人が書いたお経に大きな矛盾がなく、一つの体系を持っているということは、霊界に於て相通ずるものがあるから可能になったのだろうと思います。大乗仏教は仏の説でないとて大乗経を軽視する人もありますが、大乗経典が仏説でないことが却って仏教の霊妙不可思議を示すものと考えられます。

その次の五百年は禅定《ぜんじょう》の時代で、解脱の時代ほど人間が素直でなくなりますから、座禅によって悟りを開く時代であります。以上の千年が正法です。正法千年には、仏教が瞑想の国インドで普及し、インドの人間を救ったのであります。

その次の像法の最初の五百年は読誦《どくじゅ》多聞の時代であります。教学の時代であります。仏典を研究し仏教の理論を研究して安心を得ようとしたのであります。瞑想の国インドから組織の国、理論の国支那に来たのはこの像法の初め、教学時代の初めなのです。インドで雑然と説かれた万巻のお経を、支那人の大陸的な根気によって何回も何回も読みこなして、それに一つの体系を与えました。その最高の仕事をしたのが天台大師（＊天台宗の開祖）であります。天台大師はこの教学の時代に生まれた人です。天台大師が立てた仏教の組織は、現在でも多くの宗派の間で余り大きな異存はないのです。

その次の像法の後の五百年は多造塔寺の時代、すなわちお寺をたくさん造った時代、つまり立派なお寺を建て、すばらしい仏像を本尊とし、名香を薫じ、それに綺麗な声でお経を読む。そういう仏教芸術の力によって満足を得て行こうとした時代であります。この時代になると仏教は実行の国日本に入って来ました。奈良朝・平安朝初期の優れた仏教芸術は、このときに生まれたのであります。

次の五百年、すなわち末法最初の五百年は闘諍《とうじょう》時代であります。この時代になると闘争が盛んになって普通の仏教の力はもうなくなってしまうと、お釈迦様が予言しています。末法に入ると、叡山の坊さんは、ねじり鉢巻で山を降りて来て三井寺《みい》を焼打ちにし、遂には山王様のお神輿をかついで都に乱入するまでになりました。説教すべき坊さんが拳骨《げんこつ》を振るう時代になって来たのであります。予言の通りです。仏教では仏は自分の時代に現われる、あらゆる思想を説き、その教えの広まって行く経過を予言していなければならないのでありますが、一万年のお釈迦様が二千五百年でゴマ化しているのです。自分の教えは、この二千五百年でもうダメになってしまうという無責任なことを言って、大集経の予言は終っているのです。

釈尊の使者

ところで、天台大師が仏教の最高経典であると言う法華経では、仏はその闘争の時代に自分の使を出す、節刀将軍を出す、その使者はこれこれのこと履《ふ》み行ない、こうこういう教えを広めて、それが末法の長い時代を指導するのだ、と予言しているのであります。言い換えれば仏滅から数えて二千年前後の末法では世の中がひどく複雑になるので、今から一々言っておいても分からないから、そのときになったら自分が節刀将軍を出すから、その命令に服従しろ、と言って、お釈迦様は亡くなっているのです。末法に入ってから二百二十年ばかり過ぎたときに仏の予言によって日本に、しかもそれが承久の乱、すなわち日本が未曾有の国体の大難に際会したときに、お母さんの胎内に受胎された日蓮聖人が、承久の乱に疑問を懐きまして仏道に入り、ご自分が法華経で予言された本化上行《ほんげじょうぎょう》菩薩であるという自覚に達し、法華経に従ってその行動を律せられ、お経に述べてある予言を全部自分の身に現わされた。そして内乱と外患があるという、ご自身の予言が日本の内乱と蒙古の襲来によって的中したのであります。それで、その予言が実現するに従って逐次、ご自分の仏教上に於ける位置を明らかにし、予言の的中が全部終った後、自ら末法に遣わされた釈尊の使者本化上行だという自覚を公表せられ、日本の大国難である弘安の役の終った翌年に亡くなられました。

そして日蓮聖人は将来に対する重大な予言をしております。日本を中心として世界に未曾有の大戦争が必ず起る。そのときに本化上行が再び世の中に出て来られ、本門の戒壇を日本国に建て、日本の国体を中心とする世界統一が実現するのだ。こういう予言をして亡くなられたのであります。

ここで、仏教教学について素人の身としては甚だ僭越でありますが、私の信ずるところを述べさせていただきたいと存じます。日蓮聖人の教義は本門の題目、本門の本尊、本門の戒壇の三つであります。題目は真っ先に現わされ、本尊は佐渡に流されて現わし、戒壇のことは身延《みのぶ》でちょっと言われたが、時がまだ来ていない、時を待つべきであると言って亡くなられました。と申しますのは、戒壇は日本が世界的な地位を占めるときになって初めて必要な問題でありまして、足利時代や徳川時代には、まだ時が来ていなかったのです。それで明治時代になりまして日本の国体が世界的意義を持ち出したときに、昨年亡くなられた田中智学先生が生まれて来まして、日蓮聖人の宗教の組織を完成し、特に本門戒壇論、すなわち日本国体論を明らかにしました。それで日蓮聖人の教えすなわち仏教は、明治の御代になって田中智学先生によって初めて全面的に、組織的に明らかにされたのであります。

ところが不思議なことには、日蓮聖人の教義が全面的に明らかになったときに大きな問題が起きて来たのです。仏教徒の中に仏滅の年代に対する疑問が出て来たのであります。これは大変なことで、日蓮聖人は末法の初めに生まれて来なければならないのに、最近の歴史的研究では像法に生まれたらしい。そうすると日蓮聖人は予言された人でないということになります。日蓮聖人の宗教が成り立つか否かという大問題が出現したというのに、日蓮聖人の門下は、歴史が曖昧で分からない、どれが本当か分からないと言って、自ら慰めています。そういう信者は結構でしょう。そうでない人は（＊日蓮を）信用しない。一天四海皆帰妙法は夢となります。

この重大問題を日蓮聖人の信者は曖昧にして過ごしているのです。歓心本尊抄に「当《マサ》ニ知ルベシ此ノ四菩薩、折伏《シャクブク》ヲ現ズル時ハ賢王ト成ツテ愚王ヲ誡責《カイシャク》シ、摂受《シヨウジュ》ヲ行ズル時ハ僧ト成ツテ正法ヲ弘持《グジ》ス」とあります。この二回の出現は経文の示すところによるも、共に末法の最初の五百年であると考えられます。そして摂受を行ずる場合の闘争は主として仏教内の争いと解すべきであります。明治の時代までは仏教徒全部が、日蓮聖人の生まれた時代は末法の初めの五百年だと信じていました。その時代に日蓮聖人が、末だ像法だと言ったって通用しない。末法の初めとして行動されたのは当然であります。仏教徒が信じていた年代の計算によりますと、末法の最初の五百年は大体、叡山の坊さんが乱暴し始めた頃から信長の頃までであります。信長が法華や門徒を虐殺しましたが、あの時代は坊さん連中が暴力を揮った最後ですから、大体、仏の予言が的中したわけであります。

仏教国の王者

折伏を現ずる場合の闘争は、世界の全面的戦争であるべきだと思います。この問題に関連して、今は仏滅後何年であるかを考えてみなければなりません。歴史学者の間ではむずかしい議論もあるらしいのですが、まず常識的に信じられている仏滅後二千四百三十年見当という見解をとってみます。そうすると末法の初めは、西洋人がアメリカを発見し、インドを征服したとき、すなわち東西両文明の争いが始まりかけたときです。その後、東西両文明の争いがだんだん深刻化して、正《まさ》にそれが最後の世界的決勝戦になろうとしているのであります。

明治の御世、すなわち日蓮聖人の教義の全部が現われ了《おわ》ったときに、初めて年代の疑問が起きて来たことは、仏様の神通力だろうと信じます。末法の最初の五百年を巧みに二つに使い分けをされたので、世界の統一は本当の歴史上の仏滅後二千五百年に終了すべきものであろうと私は信ずるのであります。そうなって参りますと、仏教の考える世界統一までは約六、七十年を残されているわけであります。私は戦争の方では今から五十年以内と申しましたが、不思議に大体、似たことになっております。あれだけ予言を重んじた日蓮聖人が、世界の大戦争があって世界は統一され本門戒壇が建つという予言をしておられるのに、それが何時《いつ》来るという予言はやっていないのです。それでは無責任と申さねばなりません。けれども、これは予言の必要がなかったのです。ちゃんと分かっているのです。仏の神通力によって現われるときを待っていたのです。そうでなかったら、日蓮聖人は何時だという予言をしておられるべきものだと信ずるのであります。

この見解に対して法華の専門家は、それは素人のいい加減なこじつけだと言われるだろうかと存じますが、私の最も力強く感ずることは、日蓮聖人以後の第一人者である田中智学先生が、大正七年のある講演で「一天四海皆帰妙法は四十八年間に成就し得るという算盤を弾いている」(『師子王全集』)と述べていることです。大正八年から四十八年くらいで世界が統一されると言っております。どういう算盤を弾かれたか述べてありませんが、天台大師が日蓮聖人の教えを準備された如く、田中先生は時来たって日蓮聖人の教義を全面的に発表した――すなわち日蓮聖人の教えを完成したところの予定された人でありますから、この一語は非常な力を持っていると信じます。

また日蓮聖人は、インドから渡来して来た日本の仏法はインドに帰って行き、永く末法の闇を照らすべきものだと予言しています。日本山妙法寺の藤井日達上人がこの予言を実現すべくインドに行って太鼓をたたいているところに支那事変が勃発しました。英国の宣伝が盛んで、日本が苦戦して危いという印象をインド人が受けたのです。そこで日達上人と親交のあったインドのピヤラタナという坊さんが「日本が負けると大変だ。自分が感得している仏舎利があるから、それを日本に納めて貰いたい」と日達上人に頼みました。日達上人は一昨年帰って来てそれを陸海軍に納めた（＊板垣陸相、米内海相に贈呈した）のであります。日達上人の話によると、セイロン島の仏教徒は、やはり仏滅後二千五百年に仏教国の王者によって世界が統一されるという予言を堅く信じているそうで、その年代はセイロンの計算では間もなく来るのであります。

人類前史の終わり

今までお話して来たことを総合的に考えますと、軍事的に見ましても、政治史の大勢から見ましても、また科学、産業の進歩から見ましても、信仰の上から見ましても、人類の前史は将に終ろうとしていることは確実であり、その年代は数十年後に切迫していると見なければならないと思うのであります。今は人類の歴史で空前絶後の重大な時期であります。

世の中には、この支那事変を非常時と思って、これが終れば和やかな時代が来ると考えている人が今日もまだ相当にあるようです。そんなちっぽけな変革ではありません。昔は革命と革命との間には相当に長い非非常時、すなわち常時があったのです。フランス革命から第一次欧州大戦の間も、一時はかなり世の中が和やかでありました。第一次欧州大戦以後の革命は、まだ安定しておりません。しかしこの革命が終ると引きつづき次の大変局、すなわち人類の最後の大決勝戦が来る。今日の非常時は次の超非常時と隣り合わせであります。今後数十年の間は人類の歴史が根本的に変化するところの最も重大な時期であります。この事を国民が認識すれば、余りむずかしい方法を用いなくても自然に精神総動員はできると私は考えます。東亜が仮に準決勝に残り得るとして誰と戦うか。私は先に米州じゃないかと想像しました。しかし、よく皆さんに了解して頂きたいことがあるのです。今は国と国との戦争は多く自分の国の利益のために戦うものと思っております。今日、日本とアメリカは睨み合いであります。あるいは戦争になるかも知れません。彼らから見れば蘭印（＊インドネシア）を日本に独占されては困ると考え、日本から言えば何だアメリカは自分勝手のモンロー主義を振り廻しながら東亜の安定に口を入れるとは怪《け》しからぬというわけで、多くは利害関係の戦争でありましょう。私はそんな戦争を、かれこれ言っているのでありません。世界の決勝戦というのは、そんな利害だけの問題ではないのです。

世界人類の本当に長い間の共通のあこがれであった世界の統一、永遠の平和を達成するには、なるべく戦争などという乱暴な、残忍なことをしないで、刃に血塗らずして、そういう時代の招来されることを熱望するのであり、それが、われわれの日夜の祈りであります。しかしどうも遺憾ながら人間は、理屈のやり合いや道徳談義だけでは、この大事業は、やれないらしいのです。あまりに不完全です。世界に残された最後の選手権を持つ者が、最も真面目《まじめ》に最も真剣に戦って、その勝負によって初めて世界統一の指導原理が確立されるでしょう。だから数十年後に迎えなければならないと私たちが考えている戦争は、全人類の永遠の平和を実現するための、やむを得ない大犠牲であります。

われわれが仮にヨーロッパの組とか、あるいは米州の組と決勝戦をやることになっても、断じて、彼らを憎み、彼らと利害を争うのでありません。恐るべき惨虐行為が行なわれるのですが、根本の精神は武道大会に両方の選士が出て来て一生懸命にやるのと同じことであります。人類文明の帰着点は、われわれが全能力を発揮して正しく堂々と争うことによって、神の審判を受けるのです。

東洋人、特に日本人としては絶えずこの気持を正しく持ち、いやしくも敵を侮辱するとか、敵を憎むとかいうことは絶対にやるべからざることで、敵を十分に尊敬し敬意を持って堂々と戦わなければなりません。

ある人がこう言うのです。君の言うことは本当らしい、本当らしいから余り言いふらすな、向こうが準備するからコッソリやれと。これでは東亜の男子、日本男子ではない。東方道義ではない。断じて皇道ではありません。よろしい、準備をさせよう、向こうも十分に準備をやれ、こっちも準備をやり、堂々たる戦いをやらなければならぬ。こう思うのであります。

しかし断わって置かなければならないのは、こういう時代の大きな意義を一日でも早く達観し得る聡明な民族、聡明な国民が結局、世界の優者たるべき本質を持っているということです。その見地から私は、昭和維新の大目的を達成するために、この大きな時代の精神を一日も速やかに全日本国民と全東亜民族に了解させることが、私たちの最も大事な仕事であると確信するものであります。

【主な参考文献】

曠野の花　石光真清（中央公論新社）
馬賊　渡辺龍策（中央公論新社）
馬賊で見る「満洲」　澁谷由里（講談社）
満洲国　塚瀬進（吉川弘文館）
世界史のなかの満洲帝国　宮脇淳子（ＰＨＰ研究所）
真実の満洲史　宮脇淳子（ビジネス社）
満洲国建国の正当性を弁護する　ジョージ・ブロンソン・リー（草思社）
満州国は日本の植民地ではなかった　黄文雄（ワック）
キメラ　山室信一（中央公論新社）
満州帝国　児島襄（文藝春秋）
満鉄全史　加藤聖文（講談社）
満洲移民の軌跡　吉田忠雄（人間の科学新社）
日露戦争と日本人　鈴木荘一（かんき出版）
謎解き「張作霖爆殺事件」　加藤康男（ＰＨＰ研究所）

下剋上大元帥「張作霖爆殺事件」　樋口正士（グッドタイム出版）
帝国陸軍見果てぬ「防共回廊」　関岡英之（祥伝社）
全文リットン報告書　渡部昇一（ビジネス社）
石原莞爾満州合衆国　早瀬利之（潮書房光人新社）
毅然たる孤独　野村乙二朗（同成社）
石原莞爾　阿部博行（法政大学出版局）
石原莞爾　小松茂朗（潮書房光人社）
石原莞爾　藤本治毅（時事通信社）
石原莞爾　青江舜二郎（読売新聞社）
世界最終戦争　石原莞爾（毎日ワンズ）
昭和天皇　原武史（岩波書店）
昭和天皇　古川隆久（中央公論新社）
大元帥昭和天皇　山田朗（筑摩書房）
昭和天皇の戦争　山田朗（岩波書店）
昭和天皇の終戦史　吉田裕（岩波書店）
昭和天皇と立憲君主制の崩壊　伊藤之雄（名古屋大学出版会）

昭和天皇独白録　寺崎英成／マリコ・テラサキ・ミラー（文藝春秋）
近衛文麿　岡義武（岩波書店）
近衛文麿　筒井清忠（岩波書店）
近衛文麿　古川隆久（吉川弘文館）
戦後欧米見聞録　近衛文麿（中央公論新社）
外務省革新派　戸部良一（中央公論新社）
広田弘毅　服部龍二（中央公論新社）
重光・東郷とその時代　岡崎久彦（ＰＨＰ研究所）
評伝真崎甚三郎　田崎末松（芙蓉書房）
昭和陸軍の研究　保阪正康（朝日新聞社）
スターリン　横手慎二（中央公論新社）
黒幕はスターリンだった　落合道夫（ハート出版）
コミンテルンの謀略と日本の敗戦　江崎道朗（ＰＨＰ研究所）
中国共産党史　大久保泰（原書房）
日中戦争史　秦郁彦（河出書房新社）
新版日中戦争　臼井勝美（中央公論新社）

日中戦争の真実　黒田紘一（幻冬舎）
支那事変戦争指導史　堀場一雄（原書房）
大東亜戦争への道　中村粲（展転社）
日中和平工作の記録　広中一成（彩流社）
幻の日中和平工作　今井貞夫（中央公論事業出版）
ピース・フィーラー　戸部良一（論創社）
多田駿伝　岩井秀一郎（小学館）
元帥畑俊六回顧録　軍事史学会（錦正社）
皇族と帝国陸海軍　浅見雅男（文藝春秋）
杉山メモ　参謀本部（原書房）
陸軍省軍務局史　上法快男（芙蓉書房出版）
大本営機密日誌　種村佐孝（芙蓉書房出版）
満蒙開拓、夢はるかなり　牧久（ウエッジ）
秘録石原莞爾　横山臣平（芙蓉書房出版）
石原莞爾選集　石原莞爾（たまいらぼ）
満州事変　中村菊男（日本教文社）

石原莞爾　早瀬利之（双葉社）
「日本株式会社」を創った男――宮崎正義の生涯　小林英夫（小学館）
日本征服を狙ったアメリカのオレンジ計画と大正天皇　鈴木荘一（かんき出版）

本文DTP・カバーデザイン／長久雅行

満州建国の大義　石原莞爾とその告白

第一刷発行――二〇二四年三月三日
第三刷発行――二〇二四年四月九日

著者――鈴木荘一

編集人――祖山大
発行人――松藤竹二郎
発行所――株式会社 毎日ワンズ
〒一〇一－〇〇六一
東京都千代田区神田三崎町三－一〇－二一
電話　〇三－五二一一－〇〇八九
FAX　〇三－六六九一－六六八四

印刷製本――株式会社 シナノ

ISBN 978-4-909447-28-9

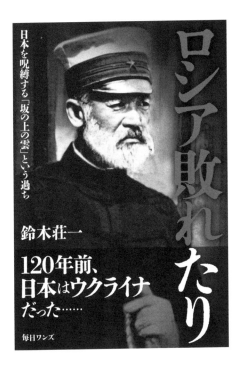

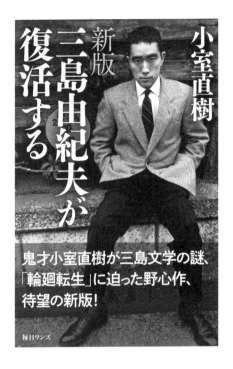